企业组织公民行为的
激发机制和影响效应研究

The Research of Antecedents and Consequences of
Organization Citizenship Behavior in the Enterprises

魏江茹　著

中国财经出版传媒集团
经济科学出版社
Economic Science Press

图书在版编目（CIP）数据

企业组织公民行为的激发机制和影响效应研究/
魏江茹著 . —北京：经济科学出版社，2016.9
ISBN 978 - 7 - 5141 - 7217 - 1

Ⅰ.①企… Ⅱ.①魏… Ⅲ.①企业管理 - 组织
行为学 - 研究 Ⅳ.①F272.9

中国版本图书馆 CIP 数据核字（2016）第 208071 号

责任编辑：李晓杰
责任校对：王苗苗
版式设计：齐　杰
责任印制：李　鹏

企业组织公民行为的激发机制和影响效应研究
魏江茹　著
经济科学出版社出版、发行　新华书店经销
社址：北京市海淀区阜成路甲 28 号　邮编：100142
总编部电话：010 - 88191217　发行部电话：010 - 88191522
网址：www. esp. com. cn
电子邮件：esp@ esp. com. cn
天猫网店：经济科学出版社旗舰店
网址：http://jjkxcbs. tmall. com
北京汉德鼎印刷有限公司印刷
三河市华玉装订厂装订
710 × 1000　16 开　12.5 印张　190000 字
2016 年 9 月第 1 版　2016 年 9 月第 1 次印刷
ISBN 978 - 7 - 5141 - 7217 - 1　定价：36.00 元
（图书出现印装问题，本社负责调换。电话：010 - 88191502）
（版权所有　侵权必究　举报电话：010 - 88191586
电子邮箱：dbts@ esp. com. cn）

前　言

　　组织公民行为（Organizational Citizenship Behavior，简称OCB）是一种有利于组织的角色外行为，由一系列非正式的合作行为构成。随着企业竞争环境加剧，组织结构趋于扁平化，以组织公民行为为代表的员工主动性和合作性，越来越受到组织管理者的重视。例如企业实践中，员工主动帮助工作中落后的同事处理自己工作职责之外的事务；即使没有额外报酬，员工主动发现工作中的问题，提出创造性的想法和改进建议。国内外学者对组织公民行为开展了大量研究，积累了非常丰富的成果。另外组织管理学者一直关心研究视角的多样性问题。组织公民行为的不同视角研究，一方面可以更好地解释和理解当前我国经济转型时期出现的员工工作主动性不高、合作意识不强等现实问题；另一方面也为丰富我国背景下的企业人力资源管理和组织行为学理论提供了可能性。多样化研究视角的要求和国内外文献的研究积累，为本研究提供了良好的研究契机。本书从环境变化和企业发展对员工主动性和合作性的需要出发，基于社会交换理论和印象管理理论，构建模型并实证研究企业员工组织公民行为的激发机制和影响效应。

　　本书首先概述了研究意义、研究内容、可能的创新之处。接着分别回顾了社会交换理论和印象管理理论的研究进展，在梳理关键研究概念和理论的基础上，综述了组织公民行为的前因变量和结果变量。以往组织公民行为的研究重点侧重于个人特征、领导特征、组织特征和任务特征四个方面。个人特征和领导特征对组织公民行为的影响已经得到了国内外的普遍重视，并且积累了相当丰富的研究成果。相比之下，组织特征和任务特征得到的关注较少。在我国转型背景下开展组织公民行为的组织特征和任务特征的研究可能会得到一些不同于国外研究的结论。

其次，本书在理论研究和文献回顾基础上，探讨了组织公民行为激发机制和影响效应的作用机理，提出了本书的研究框架和理论模型。传统的组织公民行为的前因变量研究集中在个人特征和领导特征两个方面，对组织层面的激发因素研究很有限。针对以往研究的不足，基于社会交换理论，利用结构方程模型的方法实证检验了人力资源管理实践对组织公民行为的激发机制。结果表明，企业人力资源管理部门的实践政策对组织公民行为的培育和管理非常重要，而且可觉察的组织支持在以上关系中起到部分中介作用。特别需要指出的是，由于我国集体主义文化的特殊性，企业员工的组织公民行为会受到我国文化的影响。

最后，本书把出于利他动机从事组织公民行为提升绩效的员工称为"好战士"。基于印象管理理论，利用结构方程模型把印象管理作为调节变量，研究印象管理对组织公民行为和任务绩效的关系的调节作用。研究显示，员工的印象管理程度高时，组织公民行为对任务绩效的影响变小；员工的印象管理程度低时，组织公民行为对任务绩效的影响变大。本书将出于利己动机从事组织公民行为给他人留下好印象的员工称为"好演员"。基于印象管理理论，利用结构方程模型把印象管理作为调节变量，研究印象管理对组织公民行为和好印象两者关系的调节作用。结果表明，员工的印象管理程度高时，组织公民行为对好印象的影响变大；员工的印象管理程度低时，组织公民行为对好印象的影响变小。

　　本书研究结论在理论上不仅有助于丰富组织公民行为的研究，也是社会交换理论和印象管理理论在组织行为学领域的新应用。从实践上看，研究企业员工组织公民行为的激发机制和影响效应有利于企业员工积极实践组织公民行为，帮助企业获取竞争优势；另外，企业成功与社会福祉密切相关时，作为社会微观主体的企业对于构建我国经济转型时期的和谐社会具有重要意义。

魏江茹

2016 年 6 月 6 日

目　　录

表 目 录

图　目　录

第一章

绪　　论

本章主要介绍本书的研究背景、提出问题，对研究目标、研究意义、研究内容、可能的创新之处做出概括性的介绍。最后，介绍了本书的技术路线和研究结构。

第一节　研究背景和研究问题

一、研究背景

为了响应经济全球化和环境的快速变化，员工有利于组织的角色外行为越来越受到现代企业组织的重视。例如，世界著名的高科技公司谷歌（Google）曾经鼓励员工自由支配20％的工作时间。员工可以做自己感兴趣的项目，可以帮助他人，可以加入其他的项目团队[①]。工作角色外的20％时间已经为企业创造了很多意想不到的神话。例如，工程师安拉格·阿卡亚（Anurag Acharya）原在加州大学任教，任教过程中发现了学术搜索的需求。尽管他负责搜索的核心技术，但仍利用20％的时间关注学术搜索，由此开发出了新的业务。无独有偶，闻名世界的迪

---

① 陈晓萍：《平衡》，清华大学出版社2005年版。

斯尼乐园，它将员工称为"演员"（Casting Member），而非"雇员"（Employee）；把员工从事的职务叫作"角色"（Role），而非"岗位"（Position）。另外，开设迪士尼乐园不仅获取利润（Make Money），而且还为大众创造欢乐（Make People Happy）。这些完全颠覆了原来人们对公司、员工和顾客之间关系的假设，从而改变了员工、管理人员和企业拥有者对自己角色的定位，使其对自己工作的性质和意义有了全新的理解，极大地增强了员工对工作的主动精神，激发了创造性，使员工愿意付出额外的努力为客人创造快乐①。

这些激动人心的变化都在诠释一个主题②：企业需要发挥员工的主动性和合作性，以便更好地适应环境变化和企业发展。现实生活中我们也都有过这样的经历：有些员工主动帮助工作中落后的同事处理自己工作职责之外的事务；即使没有额外报酬，有些员工主动发现工作中的问题，提出创造性的想法和改进建议。理论界将这些行为称为组织公民行为（Organizational Citizenship Behavior，OCB）。

组织公民行为的出现、培育和管理是企业对时代变迁和环境变化做出的响应。传统工业经济发展到知识经济时代，企业的生存环境日趋复杂，竞争状态日趋激烈。企业只有不断更新管理模式，适应环境变化，才能保证机体的鲜活。作为企业中最具有能动性的人，也会不断地调整自我的工作和行为方式，才能确保适应环境和企业变化的需求③。通用电器、IBM等跨国企业的组织结构已经从金字塔式向扁平化的组织结构发展。组织结构的扁平化强调和重视员工的自我管理、提倡员工的自主行为和合作行为。相对正式工作而言，组织中的这类工作被称为"夹缝

---

① J. S. Chun, Y. Shin, J. N. Choi and M. S. Kim, Does corporate ethics contribute to firm financial performance? The mediating role of collective organizational commitment and organizational citizenship behavior. *Journal of Management*, 2013.

② T. Chin, Harmony and organizational citizenship behavior in Chinese organizations. *The International Journal of Human Resource*, 2015.

③ 郭晓薇：《影响员工组织公民行为的因素——实证与应用》，上海立信会计出版社2006年版。

工作"。组织中正式的制度规范不能发挥作用的地方，就需要员工的组织公民行为。假如没有员工的组织公民行为，组织就失去了竞争力和生命力。伴随着组织变革的大潮，在西方的组织行为学界组织公民行为已经成为研究热点并日臻成熟。国外组织公民行为概念从1983年提出至今，三十多年时间里，研究成果和实践运用如雨后春笋，层出不穷。国内组织公民行为研究始于20世纪90年代初期，也积累了丰富的研究成果，这些都说明这种超越工作职责范围的行为给企业的运营和发展带来重大影响。

一方面组织公民行为在很大程度上受到文化的影响①，如果把西方已有的研究成果直接平移到我国文化中，得到的研究成果和结论不能很好地解释我国企业员工的组织公民行为②。因此需要研究我国文化背景下的组织公民行为，产生能够指导我国企业管理实践的理论和知识；另一方面，由于我国经济正处于转型时期，转型时期的经济面临着价值观不健全、缺失、弱化等问题，表现在企业人力资源管理方面，出现了劳资关系紧张、企业和员工之间缺乏信任、员工之间缺乏合作等问题，这些不和谐的因素使得企业的竞争力和凝聚力减弱③。处于转型经济的组织制度和环境都面临着复杂性和动态性，因此需要新的理论来解释、支持和预测我国转型时期企业员工的组织公民行为，由此得到我国经济转型时期更具有普适性的一般知识，给企业管理实践提供一定的启示④。

由此可以看出，对于企业员工组织公民行为的研究可以缓解当前我国经济转型时期出现的员工主动性不高等现实问题；同时也为丰富我国背景下的人力资源管理和组织行为学理论提供了可能性。

---

① 林声洙、杨百寅：《中韩家长式领导与组织支持感及组织公民行为之间关系的比较研究》，载《管理世界》2014年第3期。

② 杨斌、陈坤：《组织公民行为概念的发展困境及其突破线索探讨》，载《外国经济与管理》2012年第3期。

③ 彭正龙、赵红丹：《组织公民行为真的对组织有利吗——中国情境下的强制性公民行为研究》，载《南开管理评论》2011年第1期。

④ 杨斌、陈坤：《组织公民行为概念的发展困境线索探讨》，载《外国经济与管理》2012年第3期。

二、研究问题的提出

社会交换理论（Social Exchange Theory）认为个体用自己的贡献与组织所提供的报酬构成交换关系。巴纳德（Barnard）提出了社会交换理论①，后来该理论又得到了玛斯和西蒙（March & Simon）完善②。布劳（Blau）将人类的交换行为区分为经济交换和社会交换两种行为③。经济交换行为是建立在物质交换契约之上，双方在明确的行为和时间下达成协议；而社会交换将组织和员工的关系看成一种交换关系，是建立在信任基础上的一种个人的自愿性行为。大多数研究者已经接受了组织公民行为研究中运用社会交换理论的观点，社会交换理论已经成为解释组织公民行为现象的主流理论。例如贝特曼和奥根（Bateman & Organ）在创立公民行为概念时指出，组织公民行为的理论基础是社会交换理论和个体的积极情感理论（Positive Affective）④。奥根引用了布劳提出的社会交换理论，说明员工产生组织公民行为的原因⑤。按照奥根的说法，当组织和主管对员工有利时，出于互惠主义，员工会产生回报心理，以正面的行为回报组织或者主管，正面的行为中除了积极努力做好工作职责范围内的事务外，还可以展现对组织有利、超出工作职责要求范围以外的行为，即组织公民行为。克诺思克和普芝（Konovsky & Pugh）进一步验证了组织公民行为的社会交换模式⑥。克诺思克和普芝研究成果表明，员工对主管的信任是主管决策程序公平和组织公民行为

① C. I. Barnard, *The functions of the executive.* Cambridge：Harvard University Press, 1938.

② J. G. March and H. A. Simon, *Organizations.* New York：Wiley, 1958.

③ P. M. Blau, *Exchange and power in social life.* New York：Wiley, 1964.

④ T. S. Batsman and O. D. W., Job satisfaction and the good soldier：The relationship employee "citizenship". *Academic of Management Journal*, Vol. 26, 1983, pp. 587 – 595.

⑤ D. Organ, *Organizational Citizenship Behavior：the Good Soldier Syndrome.* Lexington：Lexington Books, 1988.

⑥ M. A. Konovsky and P. S. D., Citizenship behavior and social exchange. *Academy of Management*, Vol. 37, 1994, pp. 656 – 669.

的中间变量，从而证明了组织公民行为的产生基于社会交换理论。

印象管理理论（Impression Management Theory）强调个人通过一定的行为方式影响他人积极看待个人努力的过程，员工采取辩解、道歉等策略弱化自己的不足，保护个人在他人心目中的形象。印象管理理论在《管理学会杂志》（*Academy of Management Journal*，*AMJ*）发表的文章中已经成为组织行为学研究中引用频率最高的理论之一，近几年有些学者开始把印象管理理论应用于组织公民行为的研究中去。正是因为员工的组织公民行为能够提高组织绩效，国内外学者和企业界才会致力于探寻激发和培育组织公民行为的途径。但是组织公民行为一旦被激发出来，就真的能提升组织的效率吗？组织公民行为虽然有助于提高组织的有效性，但是这些研究基于一个出发点：组织公民行为是有利的行为。但是如果员工出于利己动机从事组织公民行为，就有必要考察员工行为背后的印象管理动机。国外最早系统考察印象管理和组织公民行为的研究成果是博利诺（Bolino）等人于1999年发表的文章[①]。这一成果借鉴了利里和科瓦尔斯基（Leary & Kowalski）的印象管理三阶段模型[②]，提出了一个理论框架，但是并没有进行实证检验。本研究系统地把印象管理纳入组织公民行为的研究框架中，引起了后来研究者的兴趣。博利诺提出当组织公民行为的出现给个体带来积极影响的时候，这种行为出现的频率就会变高。这个观点得到了辉（Hui）等人的准实验研究的支持[③]。他们发现在晋升前表现出更多组织公民行为的员工获得晋升的概率大于没有行使组织公民行为的员工；这些员工一旦得到晋升，组织公民行为就会明显下降。博利诺还指出员工会以组织中的关键性人物可以理解的方式行使组织公民行为。这个观点也得到了验证。鲍勒（Bowler）通过

---

① M. C. Bolino，Citizenship and impression management：good soldiers or good actors. *Academy of Management Review*，Vol. 24，No. 1，1999，pp. 82 – 98.

② M. R. Leary and R. Kowalski，Impression management：a literature review and two-component model. *Psychological bulletin*，Vol. 107，1990，pp. 34 – 47.

③ C. Hui, S. S. Lam and K. K. Law，Instrumental values of organizational citizenship behavior for promotion：A field quasi-experiment. *Journal of Applied Psychology*，Vol. 85，2000，pp. 822 – 828.

对组织中社会网络进行研究，发现在人际关系中处于强势地位的个体更有可能成为员工表现组织公民行为的对象①。印象管理理论对于解释本本书的组织公民行为影响效应带来的负面结果具有重要作用。

本书旨在探讨企业员工组织公民行为的激发机制和影响效应。考虑到本书研究企业员工组织公民行为的普遍特性，本书选取了企业普通员工和直接主管的配对研究来考察组织实践对于员工组织公民行为的影响，以及借鉴社会心理学中的印象管理理论来解释印象管理对组织公民行为影响效应的负面结果，探究印象管理对组织公民行为和员工任务绩效以及主管好印象的关系。

因此，本书的研究内容可以具体化为以下问题：我国转型时期企业员工有哪些组织公民行为，主要表现行为是什么？员工的组织公民行为是否受到企业人力资源管理政策的影响，是如何影响的？面对不同的组织公民行为如何区分员工是出于利他的行为还是只是为主管营造一个有利于自己的好印象？在中国的文化背景下，以上作用过程是否有特殊性？本研究试图通过理论分析建立企业员工组织公民行为的激发机制和影响效应的作用模型，以江苏省为例，对企业员工和他们的直接主管进行问卷调查，获取一手研究数据，进行实证分析，试图获得有价值的研究结论。

第二节　研究目标和研究意义

一、研究目标

20 世纪 90 年代以来，经济全球化和信息技术革命使得公司组织处于日新月异的环境之中。为了响应和适应外部环境的巨变，企业组织纷

---

① W. M. Bowler, *Relationships and organizational citizenship behavior: A social network approach.* University of Kentucky, 2002.

纷对管理理念和组织结构进行了变革，扁平化的组织结构的调整对员工的个人主动性也提出了前所未有的要求。随着市场经济的深入发展，我国企业所面临的竞争环境也日益严峻，同样的问题摆在我国企业管理者面前。在这一时代背景下，了解中国企业员工的组织公民行为就成为一个具有实践意义的课题。

本研究的主要目标是，通过对我国文化背景下企业员工组织公民行为的激发机制和影响效应研究，运用社会交换理论和印象管理理论，理论并实证研究员工组织公民行为印象的具体作用过程，从组织和个人角度探讨相关的管理策略。

二、研究意义

员工组织公民行为是企业管理的润滑剂，员工组织公民行为的激发路径和影响效果是理论界和企业实践都非常关注的话题。理解员工的组织公民行为，以及研究组织公民行为激发机制和影响效应的作用机理，在理论和实践层面都具有十分重要意义。

（一）理论意义

随着市场经济不断完善和发展，企业内外部竞争环境的逐步调整，越来越多的企业开始重视如何构建和谐企业以及员工之间和谐的合作关系对企业发展的影响①。从长远看，构建和谐社会需要企业的公民意识，需要激发企业中每一个员工的公民行为。值此之际研究组织公民行为具有重要的作用。员工在日常工作中的这些行为是构建和谐企业必需的行为，它们对组织的良性循环和运转有着举足轻重的作用②。

---

① 刘远、周祖城：《员工感知的企业社会责任、情感承诺与组织公民行为的关系——承诺型人力资源实践的跨层调节作用》，载《管理评论》2015 年第 10 期。

② 张四龙、李明生、颜爱民：《组织道德气氛、主管信任和组织公民行为的关系》，载《管理学报》2014 年第 1 期。

当前，我国的社会转型进入了一个重要阶段，急剧的社会变迁引发了人们的心理振荡，表现在企业人力资源管理方面，出现了大量劳资关系紧张、企业和员工之间缺乏信任、员工之间缺乏合作等问题，这些必将减弱企业的竞争力和凝聚力。因此，企业必须重视构建和谐劳资关系以及员工之间和谐的合作关系，营造能够使组织成员感受到理想和意义的精神家园。需要企业具有公民意识，需要激发企业中每一个员工的公民行为。

组织公民行为是当代西方组织行为和人力资源管理领域出现的新概念和新理论。构建和谐社会促使企业重视组织公民行为问题，组织公民行为的必要性得到广泛的共识。塑造健康和谐的组织公民行为以及帮助气氛，为最终构建和谐社会、和谐企业提供微观基础理论。

本研究的理论意义体现在两个方面：一是研究员工组织公民行为的激发机制和影响效应有利于企业积极实践公民行为，当企业成功与社会福祉密切相关时，作为社会微观主体的企业对于构建我国经济转型时期的和谐社会具有重大理论意义；二是借鉴国外组织公民行为研究，在我国进行本土化的研究，这种有益尝试不仅能加深我国企业对组织公民行为的认识，而且可以丰富我国企业的人力资源管理和组织行为学的理论。

（二）实践意义

随着社会进步，科技飞速发展，组织的环境日益复杂多变，且有越演越烈之势。组织中追求自我实现的知识工作者越来越多，组织公民行为难以测知，管理者的有限理性在复杂多变的外部环境下也越来越显著[1]。20余年来，技术革命、全球化竞争使得公司组织处于日新月异的环境之中，为了能够更好地适应外部世界的快速变化，众多企业对组织结构进行了重大变革，扁平化的跨职能型团队代替了金字塔式的科层结

---

① 李燕萍、涂乙冬：《组织公民行为的价值取向研究》，载《管理世界》2012年第5期。

构。扁平化的组织结构对员工的个人主动性提出了前所未有的高要求。在这种组织结构中仅仅完成工作角色内的要求是远远不够的，于是如何开发员工的角色外的积极行为就成为学者和管理者近20年来关注的问题。组织公民行为作为一种角色外行为，能够在很大程度上发挥组织潜在的人力资源效能，对组织成果产生积极的促进作用①。于是在西方尤其是北美，关于组织公民行为前因变量的研究甚为热门。随着市场经济的深入发展，我国企业所面临的竞争环境也日益严峻，同样的问题摆在我国企业管理者面前。在这一时代背景下，了解中国员工的组织公民行为就成为一个具有实践意义的课题。

我国通常被认为是一个具有集体主义文化的社会。在个人主义文化的社会中，个体的自我概念是独立自我（Independent Self）的概念；而在集体主义文化的社会中，个体的自我概念则是相互依存的自我（Interdependent Self）的概念。许凡立研究表明中国人是不能从周围的关系网络中独立出来的②。例如，中文里的"人"字带有"相互联系和互惠"的含义，而英文中的"人"带有"分离、自由主义和个人主义"的意思。而且认为中国人的行为受到社会取向所支配，就是说中国人希望在日常生活中与他们的社交圈子建立和维持和谐的关系③。因此，我们不能将西方文化背景下对组织公民行为的研究成果简单地移植到我国文化背景中用于指导管理实践。只有在本土文化中获得实证分析的结果才能应用到对管理实践的指导中。虽然英文文献中有若干组织公民行为研究是以中国大陆文化为背景的④，但数量较少，不能为了解中国人的

---

① D. Organ, *Organizational Citizenship Behavior：the Good Soldier Syndrome*. Lexington：Lexington Books，1988.

② F. L. K. Hsu, Psychological homeostasis and jen：conceptual tools for advancing psychological anthropology. *American Anthroupologist*，Vol. 73，1971，pp. 23 – 44.

③ K. S. Yang, F. M. C. C. L. Y. Cheng and C. N. Chen, Chinese social orientation：An integrative analysis. in Psychotherapy Chinese – Selected Papers 1st Internat. Conf. 9. 1992.

④ J. L. Farh, P. C. Earley and S. C. Lin, Impetus for action：A cultural analysis of justice and organizational citizenship bebavior in Chinese society. *Administrative Science Quarterly*，Vol. 42，1997，pp. 421 – 444.

组织公民行为提供足够的信息，也缺乏重复研究提供的佐证①。

第三节　研究内容及假设树

一、研究内容

（一）人力资源管理实践对组织公民行为的激发机制

组织公民行为理论认为，社会交换动机是组织公民行为的主要动机，是导致组织公民行为提升企业绩效最重要的动机。组织公民行为的四种先行变量：个人特点、任务特点、组织特点和领导行为，并指出有效管理这种超越工作职责要求的行为，与人力资源管理实践、企业战略、组织文化、管理者决策价值取向的配合有关。由此可知，人力资源管理实践对员工组织公民行为的诱发以及组织公民行为对人力资源管理实践的影响是组织公民行为研究的重要内容之一，未来研究需要重视薪酬决策、奖金分配、晋升、培训以及裁员等人力资源管理实践对组织公民行为的影响。

在人力资源管理实践对组织公民行为的激发机制中，研究内容包括两点：一是哪些人力资源管理实践可以激发员工的组织公民行为；二是人力资源管理实践是如何激发员工的组织公民行为的。

杨东涛等研究成果认为，中国情景下的人力资源管理实践可以分为七种，分别是：内部职业机会、培训、绩效评估、利润分享、就业保障、参与机制和工作设计，重点探讨了支持性人力资源实践对员工态度

---

① J. L. Farh and D. W. Organ, Organizational citizenship behavior in the People's Republic of China. *Organization Science*, Vol. 15, No. 2, 2004, pp. 241 – 252.

和行为的影响①。后续研究逐渐发现员工的工作动机、态度和行为这些个体层次的变量对人力资源管理系统和任务绩效的影响不可忽视。随着研究深入，可以影响到员工组织公民行为的人力资源管理引起了我们的重视。但是在已有的人力资源管理实践中并不是每一种人力资源管理实践都会激发出员工的组织公民行为。因此我们在进一步的研究中需要仔细识别能显著激发组织公民行为的实践。

另一方面，人力资源管理实践到底是如何激发组织公民行为的，即人力资源管理实践对组织公民行为的激发机制是本研究的重点研究内容之一。学术界普遍认为组织的人力资源管理实践和员工的组织公民行为存在联系。这种看法的理论基础是社会交换理论。从社会交换理论出发，组织采取的人力资源管理实践是对员工贡献的认可，是组织对员工的投资行为。在这种状况下，员工出于回报心理，会对组织的认可做出行为表示，其中很重要的就是为组织和其他成员从事更多的组织公民行为。尽管如此，学术界大多认可基于社会交换理论的人力资源管理实践和员工的组织公民行为的联系，但是对于两者之间的作用机制看法并不一致。通过文献阅读和理论归纳，需要获取数据证明提出的组织公民行为的激发机制模型。在此模型中，本书认为人力资源管理实践与组织公民行为有正向联系，可觉察的组织支持在这种联系中起到中介作用。

（二）利他：印象管理对组织公民行为和任务绩效的调节效应

我们把组织中出于利他动机从事组织公民行为的员工称为"好战士"。由此，为什么说考虑到印象管理后，组织公民行为对任务绩效的关系会发生变化？主要原因在于：如果员工带有印象管理策略，就不可能把全部注意力投入到工作中去，付出的努力就会打折。他们把更多的

---

① 杨东涛：《人力资源管理与制造战略配合对组织绩效的影响》，中国物资出版社 2006 年版。

精力放在表面行为和影响他人对自我评价的行为上，提升组织业绩不再是从事组织公民行为的真正目的，这种情况会给组织带来不信任的气氛和组织公民行为的攀比，因此就很有可能损害到工作绩效。同等情况下，表现出同样组织公民行为的员工，出于为组织做出贡献动机的员工就可能比出于印象管理的员工为组织和成员做出更多的贡献。印象管理作为调节变量，改变了组织公民行为和任务绩效的强弱关系。员工的印象管理高时，组织公民行为对任务绩效的影响变小；员工的印象管理低时，组织公民行为对任务绩效的影响变大。

目前有关的研究还比较零散，而且有关研究得出的结论也不尽相同。国外学者博利诺理论分析了印象管理的这种调节作用，但是并没有进行实证检测。国内学者的相关研究对印象管理作为调节变量（Moderating Variable）的影响研究还很不够，这在很大程度上已经妨碍了研究者和管理者对印象管理和组织公民行为两者关系的深入全面认识。

（三）利己：印象管理对组织公民行为和好印象的调节效应

与利他动机相对，如果员工出于利己动机从事组织公民行为，我们把这类员工称为"好演员"。当员工从事为自己创造良好形象的印象管理策略时，这些煞费苦心的行为一定能塑造出好印象吗？国外的研究成果表明：从事组织公民行为的员工的确可以提升自身在组织中的形象。有文献支持了这一说法：例如，认为迎合和组织公民行为表面上看起来非常相似，但是这两种行为会引起主管不同的反应，这取决于主管认为这些行为到底是迎合，还是组织公民行为；主管对表现出组织公民行为的员工会给予更高的业绩评估；组织公民行为使主管做出高于客观业绩的评价；从事组织公民行为的员工更容易被视为是具有奉献精神的员工。因此可以说，组织公民行为能够给员工带来无形或者有形的好处，从事组织公民行为的员工更可能给主管留下好印象。

尽管从事组织公民行为的下属被主管认为是组织中的好公民，但是员工表现出来的组织公民行为仅仅是员工态度的冰山一角，在理解组织公民行为、印象管理和好印象三者的关系时，我们还必须考察两个因素：一是旁观者对于印象管理动机的评价；二是旁观者对于印象管理动机的理解。基于以上认识，印象管理作为调节变量，改变了组织公民行为和好印象之间的强弱关系。员工的印象管理高时，组织公民行为对好印象的影响变小；员工的印象管理低时，组织公民行为对好印象的影响变大。

二、研究假设树

本书的假设树如图 1－1 所示。

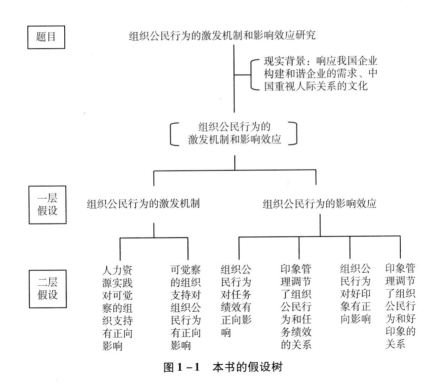

图 1－1　本书的假设树

第四节　可能的创新之处

本书基于国内外文献，借助社会交换理论和印象管理理论，研究中国文化背景下企业员工组织公民行为的激发机制和影响效应，试图得到有意义的研究结论。本研究的可能创新之处在于：

一、在中国文化背景下从组织管理政策角度研究组织公民行为

1979 年改革开放开始到改革深入发展，我国在经济、管理和组织方面就像一个巨大的社会科学的实验室，这片令人兴奋的沃土吸引了众多研究行业、公司和员工层面等社会问题的学者。中国转型经济的动态性为研究组织变迁以及它对员工、企业、行业和整个经济的影响提供了绝好的契机。

本书进行的是本土化研究，也就是说研究模型中包括情境变量。这个变量是一个调节变量，即印象管理。本研究根植于丰富的中国背景信息，这些重要的信息是发展理论和形成假设的重要基础。由于中国深厚的文化根基，情境化研究非常重要。本土化研究不意味着产生的知识失去了对全球的普遍意义。徐淑英提出的高度本土化研究与程（Cheng）提出的"嵌入情境"的研究一致，都要创造具有普遍意义的知识。高质量的本土研究意味着对研究设计的严格要求，包括要有一个谨慎的抽样计划、恰当的数据收集程序、严格的数据分析和概括，以及在进行参数估计或做出一般性推论时必须谨慎。从情境角度看，有三种类型的模型：一是与情境无关的模型，也就是适用于任何社会、文化和政治背景的模型。罗（Luo）研究提供的合资企业竞争战略的通用模型就是这种与情境无关的模型；二是"嵌入情境"模型，就是将情境作为自变量

或调节变量的模型。厄尔利（Earley）的工作是"嵌入情境的范例"。他发现具有集体主义价值观的经理在内团体的表现比在外团体或独立情况下要好；最后，徐淑英等认为把既不属于和背景无关模型，也不属于"嵌入情境"的研究视为针对情境的模型，也就是"高度情境化的本土研究"（Highly Contextualized Indigenous Reserach）。

一方面，本书将现有的构念（例如组织公民行为、任务绩效等）直接应用于中国的组织行为、人力资源管理实践、调查样本和企业来进行理论提炼和实证检验；另一方面，考虑到中国的情境因素，中国人的自我是"他人眼中的自我"，本书把印象管理作为一个情境变量加入考虑。

二、实证分析了印象管理对组织公民行为和结果变量的调节效应

以往中国文化的研究有两个特征被反复强调：一是中国人非常注重人际关系的和谐，因此在某些情况下，把更多的精力投入到如何建立人际关系上，而不是如何提高组织的效率和个人的绩效；二是对业绩的定义相当宽泛，这和国外的工作职责范围描述的业绩不同，工作中的业绩往往被称为"表现"，这表明中国人可能很注重自我在他人视野中的印象。

本研究的贡献在于把印象管理放在组织公民行为的情景中研究，仔细识别了组织公民行为可能给组织带来的两种效应，从而丰富了印象管理和组织公民行为理论。考虑到印象管理动机后，本书认识到组织公民行为可能是企业管理中的一把双刃剑，是组织管理问题的指示器。一方面企业管理者在实践中需要特别仔细识别和评价下属的组织公民行为。在企业中区分"好战士"和"好演员"，激发更多的员工成为"好战士"，有效阻止"好演员"对组织的危害作用；另一方面，组织的管理者在日常的管理中需要特别小心激发组织成员的组织公民行为，不仅关

注组织公民行为的本身，还需要同时洞察组织公民行为背后的动机。管理者需要激发和培养健康的组织公民行为，使其能为组织发挥更多的积极作用。

第五节　技术路线和本书结构

一、技术路线

本书首先在明确研究目标的基础上确定了本书的研究主题。本书的研究目标是研究我国经济转型时期组织公民行为的激发机制和影响效应，以丰富组织行为学和人力资源管理的理论体系，并对我国人力资源管理实践提供建议和启示。

其次，围绕研究主题，针对具体的研究问题，对研究中涉及的相关理论和文献进行回顾，建立理论框架并拟定假设。

再次，根据假设条件，收集相应的实证数据资料，并通过统计分析软件对数据进行初步处理和全面的统计分析以便验证原来提出的假设。

最后，在讨论了研究结果的基础上，归纳本书的研究结论，提出对策建议启示。并在总结本书的主要贡献和局限性的基础上，给出未来可能的研究方向。本书的技术路线见图1-2。

二、本书结构

本书各章节的内容安排如下：第二章综述组织公民行为、人力资源管理实践、印象管理、任务绩效等问题的相关研究；第三章在文献综述的基础上建立研究框架，并根据研究问题确定研究模型和方法；第四章在第三章研究框架基础上，探讨人力资源管理实践对组织公民行为的激发机制；第五章研究印象管理对组织公民行为和任务绩效之间关系的调节作用；第六章研究印象管理对组织公民行为和好印象之间关系的调节作用；第七章在前面研究的基础上，总结本书的研究结论，并提出本书研究的局限性和未来研究的方向。本书逻辑结构和内容安排如图1－3所示。

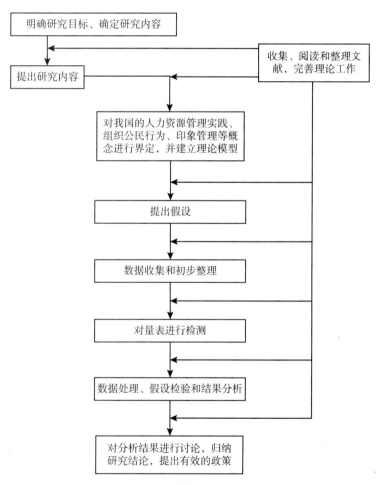

图1－2　本书的技术路线

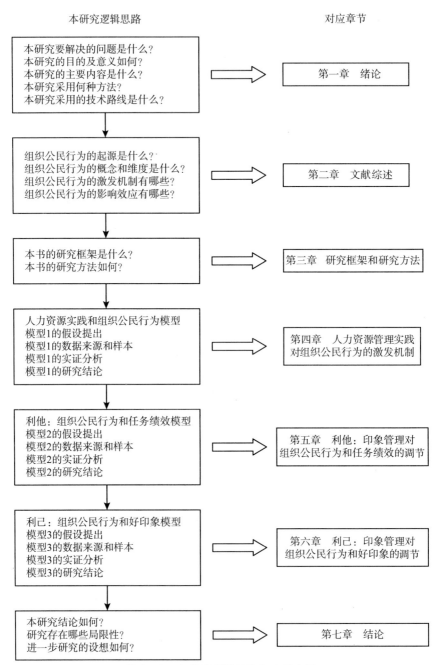

图1-3　本书的逻辑结构和内容安排

第二章

文 献 综 述

第一节　组织公民行为研究的起源和演进

一、西方组织公民行为研究的起源和发展

巴纳德（Barnard）早在 1938 年《经理人员的职能》一书中就明确指出，组织是一个社会系统，这个系统要求人们之间进行合作①。巴纳德认为组织是由具有相互作用的一定社会关系的人组成，管理者的主要作用是沟通和激励下级，以便他们发挥自己最大的能力。在他看来，组织成功主要取决于员工之间的协作。正是这样一位曾经担任新泽西贝尔电话公司总裁的实践者，架起了古典管理理论和现代人力资源管理思想之间的桥梁。巴纳德早年的工作为日后组织合作行为的研究提供了思想启迪，也成为组织合作行为研究的起点。

卡茨（Katz）提出组织之所以能够有效运转，主要是因为员工的三

---

① 纳德：《经理人员的职能》，机械工业出版社 2013 年出版。

类工作行为①：第一，员工必须致力参与并保留在组织中，也就是组织的运转离不开直接参与组织事务的员工；第二，员工必须完成特定角色的任务。后来把这种特定角色的行为定义为角色内行为（In-role Behavior）；第三，员工需要超越工作要求，做出自发性的行为。这类行为通常不会在正式的工作描述和职位说明书中出现，它们游离于组织的奖惩制度之外，存在很大的模糊性和自主性，并且不易被组织控制和衡量。

在以往学者研究基础上把第三种行为定义为公民行为（Citizenship Behavior）②，具体包括：帮助工作上落后的同事；维护工作环境清洁；任劳任怨接受临时任务；自愿担任未受指派的任务；提出对部门有益的建议等。在此思想雏形上，史密斯（1983）正式提出组织公民行为（Organizational Citizenship Behavior）的概念③④，这也是目前在组织公民行为研究领域得到基本认同的定义，即"自发的、在组织的正式酬赏制度中没有得到直接承认，但整体而言有益于提高组织绩效的行为。"

组织公民行为由于其超越了正式的奖酬体系，并且它通过个体复杂的行为表现出来。这些特点决定了组织公民行为并不像企业战略、组织文化这类对企业发展具有直接影响的较为宏观、引人注意的概念一样，从开始提出时就引起理论界和实践者的广泛关注。首先，企业为了适应生存环境的急剧变化，企业组织结构逐渐由严格的层级式结构向基于工作团队的扁平化结构转变，这一转变使员工的主动性和合作性成为极为必要的条件（Ilgen & Pulakos，1999）⑤。其次，随着企业竞争的加剧，传统的劳资关系发生了很大变化。员工对组织的依附性和忠诚度呈现下

① D. Katz and K. R. L, The social psychology of organizations. New York：Wiley, 1966.

② Bateman, T. S. and Organ, D. W. (1983) Job Satisfaction and the Good Soldier：The Relationship between Affect and Employee Citizenship. Academy of Management Journal, 26, 587–595.

③ C. A. Smith, D. W. Organ, and J. P. Near, Organizational citizenship behavior：its nature and antecedents. Journal of Applied Psychology, Vol. 68, 1983, pp. 653–663.

④ D. Organ, Organizational Citizenship Behavior：the Good Soldier Syndrome. Lexington：Lexington Books, 1988.

⑤ D. R. Ilgen and E. D. Pulakos, *The changing nature of performance：implication for staffing, motivation, and development.* San Francisco：Jossey–Bass, 1999.

降趋势，近年来员工的高流动和高离职现象越来越突出。这些变化使得员工的主动性和合作行为成为企业未来竞争的稀缺资源，越来越发挥出其巨大的影响力和生命力。第三，迅猛的科技发展、全球化竞争将企业置于快速变化而不确定的环境中，在这种背景下，企业员工的工作行为若仅限于狭窄的职责范围，就无法适应外部多变的环境。扁平化的组织结构赋予员工更大的自主权，员工如何使用这种自主权，对企业组织的发展起着至关重要的作用。如何使员工乐于对组织做一些超越正式职责要求但对组织有益的好事，成为企业管理者考虑的一大问题。

组织公民行为被广泛地应用于人力资源管理、社会心理学、军事学、经济学等研究领域中（Podsakoff et al.，2000）[①]。因此可以说，近年来西方国家组织公民行为研究如雨后春笋般大量涌现不是管理学研究的偶然现象，而是组织公民行为之所以成为热点问题是折射了当代企业管理的现实需求。

二、我国组织公民行为研究的现状和进展

近年来华人学者在组织公民行为领域进行了卓有成效的研究。具有代表性的研究例如，华人学者樊景立研究了中国员工的组织公民行为（Farh et al.，2004）[②]，得出了与西方研究不同的组织公民行为维度。他们根据内容背景划分，中国情境下的组织公民行为可以分为四个部分：自我、群体、组织和社会。自我部分包括：自我培训、采取主动、保持工作场所清洁；群体部分包括：人际和谐、帮助同事；组织部分包括：保护和节约公司资源、发言权、参与群体活动；社会部分包括：参

---

① S. B. MacKenzie, P. M. Padsokoff and R. Fetter, Organizational citizenship behavior and objective productivity as determinants of managerial evaluations of salespersons'performance. *Organizational Behavior and Human Decision Processes*, Vol. 50, 1991, pp. 123 – 150.

② J. L. Farh and D. W. Organ, Organizational citizenship behavior in the People's Republic of China. *Organization Science*, Vol. 15, No. 2, 2004, pp. 241 – 252.

与社会福利和保护公司形象，从而得出了与西方研究得到的不同的组织公民行为维度。另外利用中国企业员工的样本，运用结构方程模型方法，研究了心理契约和组织公民行为的关系（Hui、Lee & Rousseau，2004）①。以上研究不仅开拓了组织公民行为在中国的实证研究，而且为国内该领域的研究深入进行起到了很好的促进和推动作用。国内学者从近十年开始关注员工的组织公民行为，并且进行了研究综述（龙静，2000；徐长江等，2004；武欣等，2005）②③④ 和少量的实证工作（苏方国等，2005；郭晓薇，2005）⑤⑥。国内的研究尽管刚刚起步，但已经呈现出欣欣向荣的局面，这些对我国情景下企业员工的组织公民行为研究提供了基本认识。

实际上，我国企业对组织公民行为的内涵并不陌生，组织公民行为也并不是完全意义上的舶来品。20 世纪 60 年代倡导的"雷锋精神"和"主人翁精神"，都包含了组织公民行为的内涵，只不过西方将这种行为称为"组织公民行为"，而我国没有给出明确的概念和进行深入的学术探讨，更没有上升为理论问题进行过学术研究得到能为企业管理实践提供启示的研究成果。"雷锋精神"体现在组织中就是组织公民行为的利他行为维度；"主人翁精神"与组织公民行为中的参与行为、责任等维度类似。这说明中国企业实践中很早就开始关注和重视员工的组织公民行为。

然而，20 世纪 90 年代以来，我国处于从计划经济向市场经济的转

---

① C. Hui, S. S. Lam and K. K. Law, Instrumental values of organizational citizenship behavior for promotion: A field quasi-experiment. *Journal of Applied Psychology*, Vol. 85, 2000, pp. 822 – 828.

② 龙静：《组织公民行为理论及其应用》，载《外国经济与管理》2000 年第 3 期。

③ 徐长江、时勘：《对组织公民行为的争议与思考》，载《管理评论》2004 年第 3 期。

④ 武欣、吴志明、张德：《组织公民行为研究的新视角》，载《心理科学进展》2005 年第 2 期。

⑤ 郭晓薇：《企业员工组织公民行为影响因素的研究》，华东师范大学出版社 2004 年版。

⑥ 苏方国、赵曙明：《组织承诺、组织公民行为与离职倾向关系研究》，载《科学学与科学技术管理》2005 年第 8 期。

型时期，员工的价值观也处于转型之中，早期的"任劳任怨"、"无私奉献"这些词汇被提及得越来越少，劳资关系呈现紧张趋势，企业和员工以及员工之间的信任和合作关系成为企业竞争中的稀缺行为。本书认为，这是我国经济转型时期企业发展的初级阶段必经的历程，这种情况可以在西方国家的经济发展中找到类似的发展轨迹。但是随着世界经济竞争的加剧和环境的变化，仅仅从事工作职责内的行为已经远远不能满足企业发展的现实需求，于是员工工作角色外的行为受到了青睐。借鉴西方企业的发展历程，中国企业一定会逐渐认识到员工超越角色的行为的重要性和必要性。

三、组织公民行为研究的新视角及对我国的启示

组织公民行为研究最早从西方开始，西方学者在组织公民行为研究领域已经积累了相当丰富的文献和成果。这些成果响应了全球化竞争环境的改变和企业自身变革发展的需要，并且在组织公民行为的研究成果中出现了一些令人耳目一新的研究视角，这些新视角的出现为我国组织公民行为研究提供了广阔的研究空间。

(一) 组织公民行为的负面作用

学者认为对组织公民行为概念界定的三个基本假设存在问题[1][2]：首先，组织公民行为不一定全部出于利他动机，也可能是出于利己动机。例如，有的员工从事组织公民行为是为了给主管留下好印象，通过帮助他人显示出自己乐于助人，通过参加组织中的活动展现自己多方面的知识技能，引起他人对自己的关注等；其次，组织公民行为并不总是

---

[1]　M. C. Bolino，Citizenship and impression management：good soldiers or good actors. Academy of Management Review，Vol. 24，No. 1，1999，pp. 82－98.

[2]　D. Organ，Organizational Citizenship Behavior：the Good Soldier Syndrome. Lexington：Lexington Books，1988.

能够提升组织绩效，也可能对组织有害。例如，员工将主要精力放在做职责范围之外的工作会忽视了本职工作；再次，奥根认为组织公民行为营造了组织中良好的工作气氛和社会关系①，而博利诺等（1999）认为组织公民行为可能会造成人际关系紧张。例如，如果员工争先恐后的刻意去表现组织公民行为，出现一种"组织公民行为升级"（Escalating Citizenship）的现象，同事在工作中感到压力巨大，容易引发员工的不满和员工之间的冲突。对三个基本假设的质疑为组织公民行为的研究开辟了新的研究方向，也就是组织公民行为的负面影响。其中，强有力的一支力量认为组织公民行为有可能成为印象管理的手段，把社会心理学中的印象管理理论纳入了组织公民行为的研究视野。

国内徐长江、时勘（2004）和郭晓薇等（2005）也开始关注组织公民行为负面作用。郭晓薇等（2005）把印象管理动机视为印象管理，在测量上认为两者是同一个概念，并对印象管理策略中的做秀和迎合两个策略进行了研究。但是，按照组织行为学理论，动机先于行为方式，动机并不一定导致行为。如果将印象管理动机等同于印象管理概念，会造成测量上的误差。我们只能认为印象管理动机是印象管理最强劲的预测变量。这一点在提出的印象管理动机模型中也做出了详细的说明②。

在中国传统文化中，对"人际关系"非常重视。在某些特定环境下，人际和谐甚至比工作效率还要重要，因此印象管理成为研究中国背景下组织公民行为必须要考虑的因素。如果在这种印象管理为主导的环境中，提升组织绩效的"好战士"就会迷失方向，为了留下好印象的"好演员"有了更宽阔的舞台。目前关于组织公民行为负面作用的实证研究还很缺乏，具有很大的研究空间。

也正是基于以上认识，本书从组织公民行为的负面作用这个视角出

---

① J. L. Farh and D. W. Organ, Organizational citizenship behavior in the People's Republic of China. Organization Science, Vol. 15, No. 2, 2004, pp. 241 – 252.

② R. L. Leary, Social support and psychological disorder. *Journal of Community Psychology*, Vol. 11, 1983, pp. 3 – 21.

发，把印象管理放入组织公民行为的研究情景中，试图通过探讨提升组织公民行为的"好战士"和带来好印象的"好演员"，研究印象管理对组织公民行为和结果变量的调节作用。

（二）社会资本和社会网络

纳比特等人（Nahapiet & Ghoshal，1998）把社会资本划分成三个维度：结构、关系和认知[1]。后来的学者从社会资本的三个维度出发，认为组织公民行为可以增加社会资本（Bolino，2002；武欣，2005）[2]，对社会资本的增加可以通过改变社会资本的结构、关系和认知维度来实现。

例如，员工积极参加组织中的活动是组织公民行为的表现，通过参加组织中的各种活动使得在原有的工作关系中很少联络的组织成员之间形成新的网络链接，使得社会资本的结构维度产生了变化；通过员工忠诚于组织的行为、积极参加组织活动的行为以及助人利他的行为，增加了人际之间相互喜爱、信任和认同，社会资本的关系维度产生了变化；通过员工积极提出建设性意见等行为进行充分的信息沟通和分享，有助于形成共享的语言和观念，社会资本的认知维度产生了变化。赛顿等人（Settoon et al.，2002）研究了社会网络中人际关系质量和关系情境对组织公民行为的影响作用[3]。赖等人（Lai et al.，2004）在中国样本中研究了社会网络特征以及社会网络中的关系规范对组织公民行为的影响[4]，结果发现人际信任、社会网络强度、个人主义和集体主义价值观

① J. Nahapiet and G. S., Social capital, intellectual capital, and the organizational advantage. *Academy of Management Review*, Vol. 23, No. 2, 1998, pp. 242－266.

② M. C. Bolino, T. W. H. and J. M. Bloodgood, Citizenship and the creation of social capital in organizations. *Academy of Management Journal*, Vol. 27, No. 4, 2002, pp. 505－522.

③ R. P. Settoon and M. K. W., Relationship Quality and Relationship Context as Antecedents of Person-and Task－Focused Interpersonal Citizenship Behavior. *Journal of Applied Psychology*, Vol. 87, No. 2, 2002, pp. 255－267.

④ C. T. Lai, L. X., and M. A. Shaffer, *Interpersonal citizenship behaviors of employees in greater China: A social capital perspectives*. Hong Kong Baptist University, 2004.

会显著影响组织公民行为①。从上述研究中可以看出，社会资本和社会网络对组织公民行为有显著影响，社会情景对组织公民行为产生的作用非常重要，但是以往组织公民行为的研究对社会情景的作用重视不够。

结合我国的实际情况和文化传统，在对我国组织公民行为的研究中发现，"人际和谐"是区别于西方组织公民行为的维度之一（Farh，1997；2004）②③。这与中国人重视"关系"、重视"融洽"的文化传统不可分割。中国人偏爱人际关系和谐的组织成员，而且会自觉不自觉地将这一行为视为成员在组织中工作生活的必需前提。"关系"、"和谐"等因素对于我国企业中的员工具有重要意义。因此，我国文化将为结合社会资本和社会网络理论的组织公民行为研究提供一个良好的研究场所，在我国文化背景下把社会资本和社会网络理论运用于组织公民行为的研究中由此产生的理论和知识对组织公民行为的研究将具有重要的理论意义和实践价值。

（三）社会规范

组织行为学理论认为，个体之所以做出某种行为，主要来自于两个动力：一是态度（Attitude），二是社会规范（Social Norm）。态度是由个体对人或事物的评价所产生的内在心理状态。社会规范是一定的社会情境对个体应该做出怎样的行为的期望（Pillutla et al.，2004）④。组织公民行为从一开始就被界定为个人的行为，因此，组织公民行为的研究

---

① C. T. Lai, L. X., and M. A. Shaffer, *Interpersonal citizenship behaviors of employees in greater China: A social capital perspectives*. Hong Kong Baptist University, 2004.

② J. L. Farh, P. C. Earley and S. C. Lin, Impetus for action: A cultural analysis of justice and organizational citizenship behavior in Chinese society. *Administrative Science Quarterly*, Vol. 42, 1997, pp. 421 – 444.

③ J. L. Farh and D. W. Organ, Organizational citizenship behavior in the People's Republic of China. *Organization Science*, Vol. 15, No. 2, 2004, pp. 241 – 252.

④ M. Pillutla and C. X. P., Social norms and cooperation in socialdilemmas: The effects of context and feedback. Organizational Behavior and Human Decision Processes, Vol. 78, No. 2, 1999, pp. 81 – 103.

最初开始就非常关注个体的态度对组织公民行为的影响。也正是因此，组织公民行为总是被作为个体变量进行研究的，在组织公民行为的研究中较少考虑到社会规范因素。社会规范对组织公民行为的影响作用近几年才开始引起研究者的重视（武欣，2005）[①]。

影响组织公民行为的社会规范分为三种[②]：一是个体对其他员工的积极行为的感知，这些积极的行为主要就是指组织公民行为；二是对其他员工消极行为的感知，这些消极的行为主要是指与组织公民行为对立的行为，例如损害公司的名誉、以权谋私等；三是对其他员工离职行为的感知。研究结果表明，员工感知到的社会规范与员工的组织公民行为显著相关。

以上研究对于未来在我国背景下开展社会规范和组织公民行为的研究具有很大启示。在西方国家个人主义文化的社会中，个体的自我概念是独立（Independent Self）的概念；而在像中国这样集体主义文化的社会中，个体的自我概念则是相互依存的自我（Interdependent Self）的概念（Triandis et al.，1989）[③]。我国通常被认为是一个具有集体主义文化的社会。这就意味着在我国集体主义文化背景下，社会规范对组织公民行为的影响可能比西方国家的影响更具有显著识别性和代表性。我国的集体主义文化背景同时也为组织公民行为和社会规范的研究提供了良好的研究场所，产生出具有价值的理论。另外，在我国集体主义文化下开展社会规范和组织公民行为的研究，还可以为我国企业管理实践提供启示，企业管理者可以充分利用肯定、反馈、沟通等方法，建立良好和积极的社会规范，从而促进和激发员工表现出组织公民行为。

---

① 武欣、吴志明等：《组织公民行为研究的新视角》，载《心理科学进展》2005 年第 2 期。

② X. Chen, Z. X. and D. Sego, Beyond organizational commitment：The effect of loyalty to supervisor and perceived social norm on employee organizational citizenship and turnover. International Association of Chinese Management Research Conference Proceedings，2004.

③ H. C. Triandis, The self and social behavior in differing cultural contexts. *Psychological Review*，Vol. 96，No. 3，1989，pp. 506 – 520.

（四）组织公民行为的跨层次研究

本质上组织行为学的研究具有多层次（Cross-level）的特征，这种行为表现是个体层次、群体层次、组织层次的变量交织在一起。组织公民行为的研究也表现出了研究层次的问题。组织公民行为概念提出是基于个人行为模式提出的，近年来也不断有学者认为组织公民行为的研究需要从多个层次的视角开展。卢梭（1985）认为组织行为学研究中许多理论模型都具有层次不清晰的问题[1]，施纳克（2003）也认为组织公民行为的研究正面临这样的危险[2]。单一层次上的组织公民行为研究发展出来的理论已经不能解释现实生活中的许多组织公民行为的现象，也无法对群体和组织的公民行为做出有力的解释和预测。

组织公民行为研究领域中，有些学者已经认识到了研究层次问题，并且积累了一定的跨层次和多层次的研究成果（武欣，2005），国内学者武欣已经很好地归纳和总结。皮尔斯等人（2004）在团队层次上研究了组织公民行为，研究发现团队领导、团队承诺、对团队支持的感知与团队的组织公民行为之间有显著关系，而团队的规模与团队的组织公民行为之间关系不显著[3]。组织层次上研究了组织学习与组织公民行为的关系[4]；有的学者研究了组织文化、管理价值观这些组织层次的因素

① D. M. Rousseau, Issues of level in organizational research: Multi-level and cross-level perspectives. L. L. Cummings（ed.）, *Research in organizational behavior.* Greenwich, 1983.

② M. E. Schnake and M. P. Dumler, Levels of measurement and analysis issues in organizational citizenship behavior research. *Journal of Occupational and Organizational Psychology*, Vol. 76, 2003, pp. 283 – 301.

③ C. L. Pearce and H. P. A., Citizenship behavior at the teamlevel of analysis: The effect of team leadership, teamcommitment, perceived team support and team size. *The Journal of Social Psychology*, Vol. 144, No. 3, 2004, pp. 293 – 310.

④ A. Somech and D – Z. Anat, Exploring organizational citizenship behavior from an organizational perspective: The relationship between organizational learning and organizational citizenship behavior. *Journal of Occupational and Organizational Psychology*, Vol. 77, No. 3, 2004, pp. 281 – 298.

与组织公民行为的关系①。采用多层线性模型（HLM）的方法研究了包含多个个体层次和群体层次的前因变量的组织公民行为影响因素模型，结果发现不同形式的组织公民行为分别受到不同的个体层次和群体层次变量影响②。

跨层次研究成果出现的同时，组织公民行为的概念本身也得到了群体层次上的拓展。陈晓萍等（2002）提出了群体公民行为的概念③。他们认为群体公民行为指的是一个工作群体作为一个整体从事组织公民行为的程度，并对群体公民行为的前因和结果变量进行了实证检验。

第二节　组织公民行为的概念和维度

一、组织公民行为的概念

在吸收了巴纳德（1938）对"合作的意愿"和卡茨（1964）"角色绩效和创新性的自发行为"的思想后，史密斯和奥根（1983）首先提出了"组织公民行为"概念。但直到1988年，奥根才正式赋予这个概念完整的定义，即"自发的、在组织的正式酬赏制度中没有得到直接承认，但总体而言有益于提高组织有效性的行为"（Organ，1988），这也是该研究领域基本认同的定义。依据概念，组织公民行为有三个显著特征：

---

① C. H. Burton, *An empirical investigation of the interrelationships of organizational culture, managerialvalues and organizational citizenship behavior*. George Washington University, 2003.

② H. Liao, *A cross-level analysis of organizational citizenshipbehavior in work groups*. University of Minnesota, 2002.

③ X. Chen, L. S. K., J. Schaubroeck, et al., Group organizational citizenship behavior: A conceptualization and preliminary test of its antecedents and consequences. *Academy of Management Best Papers Proceedings*, 2002.

第一，组织公民行为是员工的自发性行为。员工行为的自发性表明，组织公民行为是员工出于自身特点表现出来的行为，而不是由于受到外界的压力和要求表现出来的行为。也正是因为如此，这种积极主动的行为具有原发性，体现在员工的个体特征中，也就显得难能可贵，理论和实践都证明组织公民行为是组织良性运转的润滑剂。

第二，组织公民行为游离于组织的正式奖惩制度之外。组织公民行为是组织正式的薪酬制度和奖惩制度没有规范到的，不能得到薪酬的正式肯定，不是正式的劳动合同所界定和要求的行为。管理者难以通过正式的奖惩系统对表现组织公民行为的员工进行奖励，也难以对没有从事这些行为的员工进行惩罚。

第三，组织公民行为可以提升组织绩效，对组织运转具有积极作用。组织公民行为尽管是一种个人行为，虽然不能直接导致个人的利益，却可以从整体上给群体或组织带来利益，提高组织绩效。比如，老员工帮助新员工解决工作上的难题，或主动对公司发展提出建设性的意见等。这些行为不是员工个体分内的工作，但对组织整体却有积极意义。

不得不指出的是，尽管奥根在 1988 年对组织公民行为的概念界定受到了普遍关注和认可，但是还是受到了有些学者的挑战和质疑。挑战和质疑的焦点体现在两个方面：

首先，按照定义组织公民行为应该是自发的、超越工作角色要求的行为，但是调查结果却发现许多人都认为这种行为是工作的一部分。也就是说，不同的人对于工作角色要求的行为界定是不同的，即使界定相同，他们对于现实中的行为描述的理解也不尽相同。墨里森（1994）的实证研究发现，大多数被调查者把 20 个组织公民行为条目中的 18 个界定为"角色内行为"，认为组织公民行为的条目是员工工作职责范围内的行为[①]。因此，墨里森认为组织公民行为的定义还存在很大的模糊

---

① E. W. Morrison, Role definitions and organizational citizenship behavior: The importance of the employee's perspective. *Academy of Management Journal*, Vol. 37, 1994, pp. 1543 – 1567.

性，由于员工和管理者之间、员工之间对这种行为的认识不同，导致了他们对组织公民行为的理解产生了偏差。

其次，组织公民行为是不为正式奖酬系统所承认的，但是研究发现组织公民行为可以影响员工的绩效考核结果（MacKenzie，Podsakoff et al.，1991；Podsakoff，MacKenzie，1994；Wener，1994）①②③，绩效考核的结果直接决定着员工得到的奖酬，奖酬的变化体现出了组织公民行为的作用，这一点和奥根（1988）对组织公民行为的界定是矛盾的。研究者发现，现实中管理人员评价员工绩效时，往往把公民行为当作一个考核标准（Podsakoff et al.，2000），而且员工得到的薪酬和组织公民行为之间存在正相关关系。艾伦和拉什（1998）发现组织公民行为影响晋升、培训、奖金分配等管理决策④。这些研究表明，组织公民行为的确和正式奖惩系统有关系，这就意味着奥根（1988）提出的组织公民行为概念对于现实问题的解释和概括能力还很有限，组织公民行为概念的研究需要在未来研究中得到拓展。

面对以上质疑，奥根（1994）对此进行了回应，承认 1988 年的定义的确存在问题⑤。由于我们对角色本身的定义是在不断进化的，角色内外的界线具有模糊性，因此用"自发性"、"不为正式奖酬制度认可"等界定并不恰当。但是，组织公民行为与任务绩效还是存在显著差别，这一观点得到了学术界的普遍认可。奥根（1994）对组织公民行为又

---

① J. M. Werner，Dimensions that make a difference：Examining the impact of in-role and extra-role behaviors on supervisory ratings. *Journal of Applied Psychology*，Vol. 79，1994，pp. 98 – 107.

② S. B. MacKenzie，P. M. Padsokoff and R. Fetter，Organizational citizenship behavior and objective productivity as determinants of managerial evaluations of salespersons' performance. *Organizational Behavior and Human Decision Processes*，Vol. 50，1991，pp. 123 – 150.

③ P. M. Podsakoff and S. B. MacKenzie，Organizational citizenship behaviors and sales unit effectiveness. *Journal of Marketing Research*，Vol. 3，No. 1，1994，pp. 351 – 363.

④ T. D. Allen and R. M. C.，The effects of organizational citizenship behavior on performance judgments：A field study and a laboratory experiment. *Journal of Applied Psychology*，Vol. 83，1998，pp. 247 – 260.

⑤ D. W. Organ，Personality and organizational citizenship behavior. *Journal of Management*，Vol. 20，1994，pp. 465 – 478.

给予重新定义，认为它类似于鲍曼和摩托维德罗（1993）提出的关系绩效①，指"能够对有利于任务绩效的组织社会和心理环境提供维持和增强作用的行为"。从这一点看，组织公民行为的定义得到了进一步拓展，概念范围得到了扩大。

尽管如此，奥根（1988）对组织公民行为的界定仍然是组织公民行为研究中使用最广泛和得到普遍认可的定义。考虑到本书的研究内容和范围，对组织公民行为的争议不影响本书的研究内容和理论模型，因此在本书的研究中采用奥根（1988）对组织公民行为概念的定义，即自发的、在组织的正式酬赏制度中没有得到直接承认，但总体而言有益于提高组织有效性的行为。

二、组织公民行为的相关概念

自从史密斯、奥根和尼尔（1983）和奥根（1988）提出组织公民行为的概念之后，研究者在此基础上提出并且检验了与组织公民行为相关的一些概念，包括：角色外行为（extra-role behavior）（Van Dyne, Cummings & McLean Parks, 1995；Van Dyne, LePine, 1998）②③、公民责权（civic citizenship）（Graham, 1991；Van Dyne, Graham & Dienesch, 1994）④⑤、亲社

---

① W. C. Borman and M. S. J. , *Expanding the criterion domain to include elements of contextual performance.* San Francisco：Jossey－Bass, 1993.

② L. Van Dyne, C. L. L. and J. M. Parks, Extra-role behaviors：In pursuit of construct and definitional clarity. *Research in Orgaazitional Behavior.* Greenwich：Greenwich, 1995.

③ L. Van Dyne, L. and A. Jeffrey, Helping and voice extra-role behaviors：Evidence of construct and predictive validity. *Academy of Management Journal*, Vol. 41, 1998, pp. 108－119.

④ J. W. Graham, An essay on organizational citizenship behavior. *Employee Responsibilities and Rights Journal*, Vol. 4, 1991, pp. 249－270.

⑤ L. Van Dyne, G. J. W. and R. M. Dienesch, Organizational citizenship behavior：Construct redefiniton, Measurement, and validation. *Academy of management Journal*, Vol. 37, 1994, pp. 765－802.

会行为（prosaically behavior）（Brief & Motowidlo，1986）①、组织自发性（organizational spontaneity）（George & Brief，1992）② 以及关系绩效（Context Performance）（Borman & Motowidlo，1993）③。博德斯克夫（Podsakoff，2000）指出，以上概念很容易混为一谈，几个相关概念的混淆已经制约了组织公民行为研究的进一步发展。因此，由于以上概念之间具有一定的相似性，澄清与组织公民行为相关的概念是本书进行组织公民行为激发机制和影响效应研究的基础性工作。

（一）亲社会行为

布里夫和摩托维德罗（1986）提出了亲社会行为的概念④，是指组织中的成员对组织中的个人、群体和组织履行其组织角色，从而增进个人、群体和组织的福利。亲社会行为是较为宽泛的助人行为，这种助人行为不仅可以指对组织有利的行为，例如帮助新员工熟悉工作，提出组织发展的建设性意见等，同时还包括对组织有害的行为，例如帮助同事掩盖工作上的问题等。亲社会行为的宽泛性就体现在有的做法是对个人有益的，但是当把这种行为放到群体和组织的大环境中时，就可能变得没有意义，甚至还会对组织的发展带来危害。

亲社会行为和组织公民行为的区别在于：亲社会行为试图有利于他人和组织，亲社会行为的结果可以改善组织的正常运转，但也可能导致组织的功能紊乱。这是组织公民行为与亲社会行为显著的不同点，组织公民行为整体上提升组织的效能，当然最新的研究成果已经开始探讨组织公民行为的负面作用，也就是说组织公民行为并不总是对组织发展有利的，未来研究需要更多关注两个概念之间是否存在兼

---

①④　A. P. Brief and M. S. J. ，Prosocial organizational behaviors. *Academy of Management Review*，Vol. 11，1986，pp. 710 – 725.

②　J. M. George and B. A. P. ，Feeling good-doing good：A conceptual analysis of the mood at work-organizational spontaneity relaiionshic. *Psvcholoaical Bulletin*，Vol. 112，1992，pp. 310 – 329.

③　W. C. Borman and M. S. J. ，*Expanding the criterion domain to include elements of contextual performance*. San Francisco：Jossey – Bass，1993.

并融合的可能。

另外，亲社会行为是可有可无的额外行为，即使没有这种行为组织还是会继续运转。相比之下，卡茨早在1964年就指出，员工的合作行为也就是后来的组织公民行为是组织良性运转的润滑剂，这种合作性能够提升组织绩效，营造组织内良好的组织气氛和社会心理环境，同时员工的合作行为还是组织运行必须具备的三个要素之一（Katz，1964）。

（二）组织自发性

1964年卡茨还指出，"仅仅依赖工作说明书的组织蓝图其实是个非常脆弱的社会系统"。他描述了超出工作说明书但是有利于实现组织目标的五种行为，这五种行为后来被乔治和布里夫（1992）概括为组织的自发性。主要包括自我提高、维护组织、提出建设性意见、帮助同事和维护公司形象。自我提高包括员工自愿寻找机会增加知识提高技能，改进当前的工作；维护组织包括报告失窃事件等维护组织利益的行为；提出建设性意见和组织改善的设想等；帮助同事，包括提示同事工作中的小失误，工作之余帮助同事等；维护公司形象，包括告诉朋友公司善待员工等。

组织自发性和组织公民行为的共同点在于：它们都是对组织具有功能性的行为，都对组织有直接或者间接的影响。两者的区别主要体现在两个方面：第一，组织自发性会受到奖励系统的识别和反馈，而组织公民行为是不能够直接为组织奖励系统识别的。然而，奥根（1994）建议应该放宽组织公民行为研究中的"在组织的正式酬赏制度中没有得到直接承认"的限制，从这一视角看，组织自发性和组织公民行为的这一不同之处似乎被淡化了。第二，正如乔治和布里夫（1992）指出，组织公民行为尽管被界定为自发的行为，或者是角色外行为，但是仍然包括正式的、角色内的行为。然而乔治和布里夫认定组织自发性是角色外的行为。也有学者不断提出用角色内和角色外区分组织自发性和组织公民行为其实并不严谨。因为角色理论认为，人们在社会情景何种担当的角色并不是一成不变的，不能简单地把角色内和角色外行为严格地区分开来，而且人们基于不同的认知对角色内和角色外的界定并不一致，而且在不同的情境下对于角色的定义也有所不同。在这种情况下，目前组织公民行为概念和组织的自发性基本相似，组织自发性被认为是组织公民行为的显现（Manifestation）。

（三）关系绩效

为了和任务绩效区别，鲍曼和摩托维德罗（1993）提出了关系绩效的概念。任务绩效是指与工作任务直接相关的产品生产和技术支持活动，主要表现为工作效率；关系绩效是指对组织、社会和心理环境的支持性活动，包括人际促进（Interpersonal Facilitation）和工作奉献（Job Dedication）两个维度。摩托维德罗等（1994）通过研究关系绩效和任务绩效的不同预测变量，证实了关系绩效的区分效度，说明关系绩效对于组织整体绩效的提升具有独立作用[1]。

组织公民行为与关系绩效的许多指标存在紧密联系，使得奥根（1997）以关系绩效的定义来重新界定组织公民行为[2]，可见两者具有相似的内涵。鲍曼和摩托维德罗（1993）把关系绩效分为五种，分别是自愿搬运重物、帮助他人、遵守规章程序、促进和实现组织目标。

关系绩效和组织公民行为概念的区别在于：关系绩效不需要行为是角色外行为，可以是组织的正式酬赏制度中直接承认的行为。关系绩效是"非任务"的，它对于保持和提升工作环境有重要作用。奥根（1997）认为对关系绩效的这种定义避免了组织公民行为概念定义曾经

---

① S. J. Motowidlo and V. S. J. R. , Evidence that task performance should be distinguished from contextual performance. *Journal of Applied Psychology*, Vol. 79, 1994, pp. 475 – 480.

② D. W. Organ, Organizational citizenship behavior: It's construct clean-up time. *Human Performance*, Vol. 10, 1997, pp. 85 – 97.

走过的弯路，使得关系绩效概念的操作性大大提高①。但是他同时也指出对于到底什么是"社会和心理环境"的认识并不明确，对如何"支持社会和心理环境"也并不清楚，即使员工微小的行为都有可能影响组织的社会和心理环境。因此，关系绩效比组织公民行为的定义更加宽泛，只要是非任务的、改善组织的社会和心理环境的绩效都可以称为关系绩效。

（四）以上概念的总结

虽然上述定义从内涵上看比较相似，但是这些概念之间还是存在差异的。亲社会行为的概念比较广泛，包含了所有对组织有利或者有害的助人行为。如果组织中的员工因为帮助他人妨碍了组织的发展或者绩效提升，也属于亲社会行为。因此，组织公民行为包含在亲社会行为之中。如果借用数学语言描述，组织公民行为是亲社会行为的子集。组织自发性的含义和组织公民行为的意义较为接近，但是组织自发性只适用于功能性行为上，属于组织奖酬系统中的一部分，但是组织公民行为和奖酬无关。关系绩效是组织成员主观认定的行为，不是属于员工工作职责内的部分，但是组织公民行为是客观认定的，不属于工作说明书中的部分，但是却能够提升组织绩效。

博德斯克夫等人（Podsakoff et al.，2000）就指出这些概念很容易混为一谈，纵观以上概念，容易混淆的原因在于：这些概念跨越的学科太多，导致研究者很难跟上理论和实践的发展，从而很难把前面的文献成果加以融会贯通。本书的研究特别注意到与组织公民行为相关概念的界定和区分，以及它们之间的联系，以期避免几个概念混淆，从而影响到本书的研究设计和理论检验。

---

① D. W. Organ, Organizational citizenship behavior: It's construct clean-up time. *Human Performance*, Vol. 10, 1997, pp. 85 – 97.

三、组织公民行为的维度

(一) 西方组织公民行为的维度划分

探讨西方组织公民行为的维度时，将组织公民行为的维度划分限定在经过实证检验过的维度的范围内。由此，排除了仅仅在概念层面上讨论，但是没有经过实证检验的维度划分（例如，Katz & Kahn，1978）[①]，因此得到的维度划分的归纳和总结更具有理论和实证上的说服力。表2－1是西方背景下得到的组织公民行为维度的划分方式的汇总结果。

表 2－1　　　　　　　西方组织公民行为维度划分汇总

	来源	Smith 等 (1983)	Organ (1988)	Graham (1989)	Podsakoff (1989)	Van Dyne 等 (1994)	Moorman 等 (1995)	Van Dyne 等 (1998)
维度	利他主义	+	+	+	+		+	+
	责任心	+	+	+	+	+	+	
	运动员精神		+		+			
	礼节		+		+			
	公民道德		+		+			
	功能参与					+	+	
	拥护参与			+		+		
	忠诚			+		+	+	
	建议					+		+

关于组织公民行为的最早进行过实证检验的维度划分是史密斯等（Smith et al.，1983）的工作。他们将组织公民行为分为两类：利他主义（Altruism）和一般性服从（General Compliance）。利他主义指帮助他人的行为，例如，帮助别人拎重物，帮助新员工适应环境等；一般性

[①]　D. Katz and K. R. L.，*The social psychology of organizations.* New York Wiley，1978.

服从指遵守做一个好员工的规范，例如准时上班等。这两个维度是在后来的组织公民行为维度研究中被广泛使用和得到普遍认可的维度。

奥根（1988）将组织公民行为分为五类：利他主义（Altruism）、礼节（Courtesy）、责任心（Conscientiousness）、运动员精神（Sportsmanship）、公民道德（Civic Virtue）。利他主义指主动帮助他人完成与组织相关的任务或解决有关问题的行为；礼节指个人主动避免与他人发生工作上的争端而采取的行为；责任心指在出勤、遵守规章制度、休息等方面的表现远远高于组织最低角色要求的自主性行为；运动员精神指员工没有抱怨，愿意忍受不够理想的状况。员工避免抱怨、表达不满、批评真实存在或者想象中的瑕疵，以及小题大做等；公民道德指能够表明个人具有组织责任感、主动参与、介入或者关注组织生活的行为。博德斯克夫等人（Podsakoff、MacKenzie、Moorman & Fetter，1990）为组织公民行为的五个维度分别开发了相应的实证检测的量表①。

格雷厄姆（1991）从政治科学研究中得到启发，提出了公民责权（Civic Citizenship）的概念②。格雷厄姆提出的公民责权有三种：组织服从、组织忠诚、组织参与。格雷厄姆等（1994）对这个概念进行了验证，进一步将组织参与细分为社会参与（Social Participation）、拥护参与（Advocacy Participation）和功能参与（Functional Participation）。范达因（1994）的提法和奥根的五个维度有很大程度的重叠。但是格雷厄姆的三个维度的公民权责和奥根的五维度划分存在显著的差异，并且这种差异已经在实证中得到了检验（Van Dyne et al.，1994）。

范达因等（1995）提出了一个综合的分类方法。他们根据两个维度划分成四个象限：推动（Promotive）、抑制（Prohibitive）、隶属（Af-

---

① P. M. Podsakoff, M. S. B., R. H. Moorman and R. Fetter, Transformational Leader Behaviors and Their Effects of Follower's Trust In Leader, Satisfaction, and Organizational Citizenship Behavior. *Leadership Quarterly*, Vol. 1, 1990, pp. 107 – 142.

② J. W. Graham, An essay on organizational citizenship behavior. *Employee Responsibilities and Rights Journal*, Vol. 4, 1991, pp. 249 – 270.

filiative）和挑战（Challenging）。推动行为可以促进事物发生；抑制行为具有保护性和预防性，包括通过干预保护弱势个体的行为，还有伸张正义制止违反道德的行为；隶属行为是人际性和合作性，能够加强彼此关系，以他人为导向；挑战行为是对现状不满以及变革的愿望。

博德斯克夫等人（2000）对已有的组织公民行为的维度划分进行归纳与总结，概括出组织公民行为的七个维度：助人行为（Helping Behavior）、运动员精神（Sportsmanship）、组织忠诚（Organizational Loyalty）、组织遵从（Organizational Compliance）、个人主动性（Individual Initiative）、公民道德（Civic Virtue）和自我发展（Self Development）。

（1）助人行为。助人行为是组织公民行为中最重要的一个维度，几乎所有的组织公民行为研究都把它作为重要的维度。助人行为是指自发地帮助同事解决和避免工作相关的问题。在这个定义中，"自发地帮助同事解决工作相关的问题"包括奥根（1988）的利他、格雷厄姆（1991）的人际帮助、威廉姆斯和埃德松（1991）的 OCB – I 等①，"自发地帮助同事避免工作相关的问题"包括奥根（1988）的事先知会。

（2）运动员精神。奥根（1994）定义为任劳任怨地忍耐工作中不可避免的麻烦，博德斯克夫等（2000）认为定义过于狭窄，建议将运动员精神定义为不仅任劳任怨地忍耐工作中不可避免的麻烦，而且当事情不如愿时，仍然保持积极的态度，为了团体的利益甘愿牺牲个人的兴趣和爱好，不轻易否决他人的意见等。

（3）组织忠诚。此维度包括范达因等（1994）的组织忠诚、组织的认可、支持和维护组织发展目标②。该维度指对外树立组织良好形象，保护组织免受外来威胁，即使在逆境下仍然保持对公司的忠诚。

---

① L. Williams and A. S. E. , Job Satisfaction and Organizational Commitment as Predictors of Organizational Citizenship and In – Role Behaviors. *Journal of management*, Vol. 17, 1991, pp. 601 – 617.

② J. M. George and B. A. P. , Feeling good-doing good：A conceptual analysis of the mood at work-organizational spontaneity relaiionshic. *Psvcholoaical Bulletin*, Vol. 112, 1992, pp. 310 – 329.

（4）组织遵从。该维度包括史密斯等（1983）的一般性服从、范达因等（1994）的组织服从、威廉姆斯和安德森（1991）的 OCB - O，博曼和摩托维德罗（1993）的遵守组织制度程序。组织遵从是指接受和内化组织的规章制度和程序，并严格认真地遵守，即使在没有他人在场的情况下也是如此。

（5）个人主动性。个人主动性是由格雷厄姆（Graham，1991）提出的一种工作角色外行为，它包括自愿并积极主动地从事与工作相关且超出了组织要求的行为。个体愿意承担额外的工作责任，以极大的热情和努力持续工作，同时也积极激励组织中的其他人。这种行为包括责任意识、个人主动性、建设性建议、自愿承担工作任务。

（6）公民道德。指员工作为组织中的一个公民应有的道德行为，包括乐于参与组织的管理、监控来自环境的威胁和机会、保护组织资源。这个维度包括奥根（1988）的公民道德、范达因等（1994）[1] 的组织参与和乔治等（1992）的保护组织[2]。

（7）自我发展。乔治等（1992）提出的自我发展是组织公民行为的一个重要维度。自我发展指员工主动利用业余时间，通过各种形式开发自己的潜能，自愿接受组织提供的培训机会，来学习相关工作知识和技能，以求对组织的发展做出更大贡献。

（二）中国情景下组织公民行为的维度

现有的组织公民行为研究基本上都以北美文化为背景，中国文化背景与之相比存在很大差别。因此如果直接把西方文化背景下开发出来的组织公民行为维度应用于中国背景，并不具有普适性。因此研究中国背景下的组织公民行为，首要任务是比较中国文化和西方文化的区别，然后基于

① L. Van Dyne, C. L. L. and J. M. Parks, Extra-role behaviors: In pursuit of construct and definitional clarity. *Research in Orgaazitional Behavior*. Greenwich: Greenwich, 1995.

② J. M. George and B. A. P., Feeling good-doing good: A conceptual analysis of the mood at work-organizational spontaneity relaiionshic. *Psvcholoaical Bulletin*, Vol. 112, 1992, pp. 310 – 329.

此发展出本土化的概念，探索组织公民行为在中国文化中的结构和维度。

对于中国的文化和经济制度的特征的研究成果和论述相当广泛（Child，1994；Walder，1983）①②。樊景立等人（Farh et al.，2004）给出了很好的总结，中国文化反复强调的有三个特征：人际关系的显著性、国家的主导地位和宽泛的业绩定义③。人际关系的显著性表现为，中国人认为个人是无法从周围的关系网络中独立出来的（Hsu，1971）。以往文献已经充分说明人际关系在中国人际往来中的重要性（Farh，Tsui，Xin and Cheng，1997；Tsui & Farh，1997；Xin & Pearce，1996）④⑤⑥；1979年中国经济改革之前，我国一直实行计划经济体制，国家在经济中占有主导地位。改革开放之后，我国从计划经济向市场经济转变，政府的地位和作用在很多方面发生了显著的变化。但是即使如此，我国政府依然处于主导地位，政府对商业运作和企业发展的许多方面都产生重大影响；宽泛的业绩定义表现在我国对员工的业绩和西方的定义有所不同。在我国员工的业绩不仅指员工的实际工作，还包括政治观点、承担额外工作的意愿、性格人品、服从领导和维持良好的工作关系（Walder，1983）⑦。通常情况下，用"表现"来代替"业绩"，我国对员工的评价更注重从组织、群体和个体的综合评价。

华人学者樊景立（Farh，Jing‐Lih）教授在我国文化和经济制度的特征基础上，探索了华人的组织公民行为的维度，做出了重要的贡献，

---

① J. Child，*Management in China during the age of reform.* England：Cambridge University press，1994.

②⑦ A. G. Walder，Organized dependency and cultures of authority in Chinese industry. *Journal of Asian Studies*，1983，pp. 51 – 76.

③ 徐淑英、刘忠明：《中国企业管理的前沿研究》，北京大学出版社 2004 年版。

④ J. L. Farh and B. S. Cheng，The influence of relational demography and guanxi：The Chinese case. *Organization Science*，Vol. 9，1997，pp. 471 – 488.

⑤ A. S. Tsui and F. J. L.，Where guanxi matters：Relational demography and guanxi in the chinese context. *Work and Occupations*，Vol. 24，1997，pp. 56 – 79.

⑥ K. R. Xin and P. J. L.，Guanxi：Connections as substitutes for formal institutional support. *Academic of Management Journal*，Vol. 39，1996，pp. 1641 – 1658.

主要体现在两个方面：一是樊景立（1997）和同事在中国台湾进行了组织公民行为维度的探索[1]；二是他们把组织公民行为的维度探索深入到中国大陆[2]。

第一项工作中，樊景立等人首先请台湾组织的员工列举 10～20 条可以称为组织公民行为的事例。在收集到 1512 条具体描述后，对这些条目进行了归类、精简，得到了 60 条具有代表性的初始描述问卷，分别给电子、机械、化工、咨询和政府机构的 75 个管理者进行施测，对数据进行分析，删除不合格条目，进行因素分析得到五个因子，取因子负荷高的 22 个条目构成中国台湾的组织公民行为的量表。五个因子分别是：第一，认同组织，指员工努力维护公司形象，积极参加公司活动与会议，主动提出建设性的方案等对公司有利的行为；第二，协助同事，员工在工作上乐于帮助同事，主动参与协调沟通的行为；第三，不惹事争利，员工不会为了个人利益，从事可能破坏组织和谐的政治行为；第四，保护公司资源，员工不会利用上班时间及公司资源处理私人事务的行为；第五，敬业精神，指员工工作认真、遵守公司规定等超越组织基本要求的行为。五个维度中，认同组织、协助同事和敬业精神和西方组织公民行为的维度相近，分别对应奥根（1988）提出的五个维度中的公民道德、利他和责任心；但是运动员精神和礼节两个维度没有得到体现。

第二项工作中，樊景立等人认为华人社会的文化是多元化的，不同地区的不同历史和政治经济体制导致了文化上的差异性，所以一个地区文化背景下的研究成果不一定能照搬到另一个地区的文化中。樊景立等人（Farh et al.，2004）用同样的研究程序探索了中国大陆的组织公民行为。他们从上海、北京和深圳的 72 个企业抽样了 158 个员工，从这些员工提供的 595 条组织公民行为的描述中发现了十个维度。其中五个

① J. L. Farh and B. S. Cheng, The influence of relational demography and guanxi: The Chinese case. *Organization Science*, Vol. 9, 1997, pp. 471 –488.

② J. L. Farh and D. W. Organ, Organizational citizenship behavior in the People's Republic of China. *Organization Science*, Vol. 15, No. 2, 2004, pp. 241 –252.

维度是与西方共有的维度：

（1）采取主动（Taking Initiative）指担当额外责任的意愿，比如加班工作、接受额外的任务、分享与工作相关的信息等行为。与史密斯等（1983）的责任意识、范达因等（1994）的功能性参与（Functional Participation）、范·斯考特等（Van Scotter & Motowidlo，1996）的献身工作（Job Dedication）等概念相似。

（2）帮助同事（Helping Coworkers）指帮助同事解决与工作和生活相关的问题，与西方文献中史密斯（1983）的利他（Altruism）、帮助（Helping）相似。但是与之不同的是，帮助同事的概念更为宽泛，不仅包括对工作上的帮助，还包括对同事生活上的关心。

（3）建议（Voice）指一种推动行为，它强调改进而不是纯粹提出批评的意见。该维度与范达因等（1998）提出的 Voice 概念的不同在于后者只包括正面地提出合理化建议，不包括阻止对组织有害的行为。

（4）参与群体活动（Group Activity Participation）指能够积极参加公司或群体活动。该维度与奥根（1988）提出的公民道德相类似，不同点在于前者主要是指参加员工群体活动，比如工会组织的娱乐活动。

（5）提升组织形象（Promoting Company Image）这一维度与范达因等（1994）的忠实（Loyalty）和摩尔曼等（1995）的忠诚拥护（Loyal Boosterism）相似。

与西方不同的五个维度是：

（1）自我培训（Self-training）指自觉提升自己的知识和工作技能。这一维度与乔治等（1992）的自我发展（Self-development）相近，但在西方文献中得到的关注较少（Podsakoff et al.，2000）。

（2）参与公益活动（Social Welfare Participation）指员工对社会公益活动（如献血、植树）和社区服务活动（如帮助老人）的参与。在西方文献中，从未发现过组织公民行为的这一维度。

（3）保护公司资源（Protecting & Saving Company Resource）包括节约公司资源、借助个人资源（如资金、信息和社会关系）来帮助公司发展、在公司遭遇灾难（如火灾、洪水）时能够保护公司财产。

（4）保持工作场所整洁（Keeping the Workplace Clean）：奥根（1988）将此方面的内容包含在责任意识的类别中，但是樊景立研究中发现，保持工作场所清洁构成了组织公民行为的一个独立的维度。

（5）人际和谐（Interpersonal Harmony）：指促进和保持人际和谐的行为。奥根（1988）曾提出组织公民行为的 Peace-making 维度，这一维度与此处的人际和睦比较相似，但在西方文献中很少涉及（Podsakoff et al.，2000）。

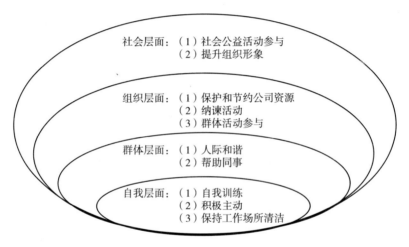

图 2-1 樊景立（Farh，2004）的组织公民行为四层次模型

樊景立在十个维度的划分基础上，提出一个新的组织公民行为分类模型，见图 2-1。该模型以行使组织公民行为的背景作为分类标准，把组织公民行为分成四个层次：自我、群体、组织、社会。自我层次指通过个人自主完成的组织公民行为，包括自我培训、积极主动、保持工作场所整洁三个维度；群体层次指需要同事互动的组织公民行为，包括人际和谐、帮助同事两个维度；组织层次指与组织相关的（如公司资源、工作流程、技术等）的行为，包括保护和节约公司资源、纳谏活动和群体活动参与维度；社会层次指超越组织边界的行为，包括参与社会公益活动、参与和提升公司形象两个维度。樊景立等认为在个人主义倾向、低权力距离、角色专一、法制体系健全的文化中，如北美和欧洲西北部国家，比较偏重个人和组织层面的组织公民行为，而在集体主义倾向、高权力距离、角色化的文化中，对群体和社会层面的组织公民行为更加重视。

（三）本书对组织公民行为维度的认识

过去已经发现大约 30 种形式不完全相同的组织公民行为，但是这些维度很大程度上存在重合。例如，奥根（1988；1990）提出的组织公民行为有利他行为、礼节、领导喝彩、维护和平、运动员精神、公民道德、责任心等维度。然而博德斯克夫和麦肯齐等（Podsakoff & MacKenzie，1994）的研究结果发现，测量中主管事实上无法分辨出以上维度，结果是主管把利他行为、礼节、领导喝彩、维护和平这些维度纳入到一起，统称为助人行为。

樊景立等（2004）通过研究大陆和台湾的组织公民行为，划分出十个维度。此项研究是中国本土化的组织公民行为维度研究，但是考虑到未来的研究中还需要更多的工作增强这种维度划分的可信度和有效性，以及十个维度的划分使得组织公民行为的测量变得条目繁多。因此，本研究中采用的是博德斯克夫等（1997）的助人行为、运动员精神和公民道德三个维度的组织公民行为划分[1]。博德斯克夫等（2000）在对组织公民行为的文献综述中对 1997 年的三个维度的定义做了有益的补充。这种三个维度的划分方式苏文郁（2005）在对台湾员工的组织公民行为的研究中也曾经使用过[2]。

助人行为包含了奥根（1988；1990）提出的组织公民行为有利他行为、

---

① P. M. Podsakoff, M. Ahearne and S. B. MacKenzie, Organizational Citizenship Behavior and the Quantity and Quality of Work Group Performance. *Journal of AppliedPsychology*, Vol. 82, No. 2, 1997, pp. 262 – 27.

② 苏文郁：《人格特质、印象管理与组织公民行为关系之探讨》，台湾国立中山大学 2005 年版。

礼节、领导喝彩、维护和平、运动员精神、公民道德、责任心等维度。运动员精神和奥根（1997）对运动员精神的界定一致①。但是博德斯克夫等（2000）认为奥根最初的研究中对运动员精神的定义过于狭窄，他们认为运动员精神，不仅是他人给自己带来不便时不抱怨，而且还包括如果事情不像预期一般顺利时，仍然能保持积极的态度去面对。另外，如果别人同时不接受自我的建议时，不会因此生气；个体可以为了团队的利益牺牲自己的利益。助人行为、公民道德和运动员精神是情景活动，鲍曼等（1993）就提出这些活动任务（Task Activities）的完成具有促进作用，这些活动营造了一个良好的心理和社会环境，从而有利于组织整体任务的完成。

四、组织公民行为的测量和评估

尽管近年来组织公民行为的研究取得了很大进展，但是该领域研究的发展仍然受到测量系统的信度和效度的制约。组织公民行为是一种自发行为，一旦表现出的组织公民行为使得多方受益，这些特点使得研究者不得不慎重考虑究竟从何种评价源收集数据才能恰当准确地反映员工的组织公民行为。

根据角色理论的观点（Katz & Kahn, 1978），由于不同的期望和不同的选择性视角，不同角色的人观察到的同一种行为常常有所不同。主管和下属员工对组织公民行为的看法是不同的。例如，格雷恩（1987）注意到组织中的角色很少能固定不变，并且对角色的理解水平会随着主管和下属对工作范围的谈判而提高②；卢梭（1989）对心理契约的研究表明，大多数下属对工作责任的理解和主管的理解存在显著的差异③；

---

① D. W. Organ, Organizational citizenship behavior: It's construct clean-up time. *Human Performance*, Vol. 10, 1997, pp. 85－97.

② G. Graen, T. Scandura, Toward a psychology of dyadic organizing. *Research in organizational behavior*, 1987, pp. 175－208.

③ D. M. Rousseau, Issues of level in organizational research: Multi-level and cross-level perspectives. L. L. Cummings（ed.）, *Research in organizational behavior*. Greenwich, 1983.

社会信息过程理论（Salancik & Pfeffer, 1978）认为只有在下属和主管了解了他们各自的社会和行为暗示之后组织公民行为的概念才能得到解释[1]。蒋春燕（2005）研究中也发现，即使同样使用史密斯等（1983）开发的组织公民行为量表，主管和下属在评估组织公民行为时也会产生不一致性。这些证据不仅说明主管和下属对组织公民行为的认识不同，也说明学者对组织公民行为的测量和评估还存在很大程度的不一致。

目前，学术界对于组织公民行为的评估存在四种方式：一是主管评价组织公民行为（Farh、Padsakoff & Organ, 1990；Niehoff & Moorman, 1993）[2]，选择主管评价组织公民行为的原因在于主管更有能力提供相对准确和完整的关于下属的组织公民行为的信息，但是这种评估方式受到了印象管理理论支持者的挑战。他们认为主管对下属的评估可能存在偏差，主管对员工行为的认知有可能受到员工采取的印象管理策略的操纵；二是下属自我评估（Conway, 1999）[3]。大多数研究中，对于组织公民行为的测量均采用自我报告方式（Self-report）的方式收集数据。尽管自我报告也许不是组织公民行为测量和评估中最科学合理的方式，但是自我报告的方式可以避免由于他人评价产生的误差（O'Relly & Chatman, 1986；Tang & Ibrahim, 1998）[4][5]；三是主管和下属同时评估

————————

　① G. R. Salancik and P. Jeffrey, An examination of need-satisfaction models of job attitudes. *Administrative Science Quarterly*, Vol. 22, 1977, pp. 427 – 456.

　② B. P. Niehoff and R. H. Moorman, Justice as a mediator of the relationship between methods of monitoring and organizational citizenship behavior. *Academy of Management Journal*, Vol. 36, 1993, pp. 327 – 336.

　③ J. M. Conway, Distinguishing contextual performance from task performance for managerial jobs. *Journal of Applied Psychology*, Vol. 84, 1999, pp. 3 – 13.

　④ O'Reilly, A. Charles, Chatman and Jennifer, Organizational commitment and psychological attachment: the effects of compliance, identification, and internalization on prosocial behavior. *Journal of Applied Psychology*, Vol. 71, 1986, pp. 492 – 499.

　⑤ T. L. P. Tang and A. H. S. Ibrahim, Antecedents of organizational citizen behavior: public personnel in the United States and in the Middle East. *Public Personal Management*, Vol. 27, 1998, pp. 529 – 548.

组织公民行为（Hui、Lam & Law，2000）①。理论上看，下属和主管同时进行评估是组织公民行为测量和评估比较合理的方式。但是组织公民行为测量完成后，如何把主管和下属的评估结果整合起来是不得不面临的挑战，简单的加总或者平均是否能准确反映组织公民行为的测量和评估也是不得不探讨的问题；四是同事评估组织公民行为（Conway，1999）。但是同事评估中同事范围的选择、数量的确定以及权重的确定都是需要仔细斟酌的问题。

结合本书的研究问题和研究设计，在综合了前人对组织公民行为评估和测量存在的问题的基础上，本书采用比较常见的组织公民行为的自我报告方式，其他变量的报告采用不同数据源报告。这样做，一方面采用了组织公民行为测量中较为常见的评估方式，使得本书的研究成果可以和其他成果进行比较，得到更具有说服力的研究结论；另一方面，组织公民行为采取员工自我报告方式，本研究设计中的其他变量报告从不同的数据源获取数据，以达到避免同源方差（Common Method Variance，CMV）的问题。

第三节　组织公民行为的激发机制

一、组织公民行为的前因变量

近年来如何激发、培育和管理企业员工的组织公民行为引起了国内外学者的广泛兴趣，对组织公民行为前因变量的理论和实证研究也层出不穷。博德斯克夫等人在前人研究的基础上，2000 年用元分析的方法

---

① C. Hui, S. S. Lam and K. K. Law, Instrumental values of organizational citizenship behavior for promotion: A field quasi-experiment. *Journal of Applied Psychology*, Vol. 85, 2000, pp. 822 – 828.

对以往的文献进行了总结和归纳。这篇综述文献被后来组织公民行为的研究者广泛引用，堪称组织公民行为研究中的经典文献，博德斯克夫也是组织公民行为研究领域的集大成者。

博德斯克夫等人（2000）系统总结了组织公民行为研究的前因变量。他认为组织公民行为的先行变量集中在四个方面：个人特征、任务特征、组织特征和领导特征。对于组织公民行为的前因变量的研究最早是从员工态度、性情和领导支持等个体特征变量和领导特征变量开始的（Bateman & Organ，1983；Organ，1988），后来在领导方面的研究拓展到领导行为，包括变革型领导和交易型领导（Podsakoff et al.，1990）。随着研究深入进展，任务特征和组织特征这些前因变量逐渐被研究者重视，并且似乎有取代个人特征、领导行为对组织公民行为影响研究（Podsakoff，Niehoff，MacKenzie & Willams，1993）[①] 的趋势。

（一）个人特征

个人特征对组织公民行为影响体现在两个方面：一是员工士气，包括员工满意、组织承诺、公平感和可察觉的领导支持。实证研究表明，这些变量都和组织公民行为显著相关；二是员工的性格因素，例如宜人性、责任感、正向情感和负向情感。性格因素被视为对组织公民行为的激发存在间接作用，而不是直接作用。元分析表明，性格变量对组织公民行为有很大影响，责任感和宜人性与组织公民行为中的利他行为和一般性服从显著相关，正向情感和利他主义显著相关。尽管有些研究中存在同源方差问题，但是剔除这种变异以后，变量之间的关系虽然减弱，但是仍然显著。博德斯克夫等人的元分析研究还表明，个体的角色知觉与组织公民行为的某些维度有密切关系。角色冲突、角色模糊与利他主义行为、礼节、运动员精神显著负相关，与责任感和公民道德则不相

---

① P. M. Podsakoff, S. B. MacKenzieand C. Hui, Organizational citizenship behavior and managerial evaluations of employee performance：Areview and suggestions for furture research. In G. R. Frerris （Ed.）, *Research in personnel and human resource management*. JAI Press, 1993, pp. 1 - 40.

关。按照逻辑推理，人口统计学变量（例如性别、任期）应该和组织公民行为显著相关，但是令人惊奇的是，元分析结果表明以上变量和组织公民行为并不相关。戴维斯（1993）和基德（Kidder et al.，1993）等都对此问题进行过研究，但是这些证据并不能给予性别对于组织公民行为有显著影响这一论点充足的实证证明①。

（二）任务特征

已有研究表明，绩效反馈、满意的工作任务与组织公民行为显著正相关，而任务程序化和规则化与组织公民行为显著负相关。尽管任务特征并不是组织公民行为研究的重点领域，而且这方面研究成果数量较少，但是已有的研究表明任务特征是组织公民行为很重要的影响因素，因此任务特征对于组织公民行为的影响有待进一步研究。

（三）组织特征

组织特征变量与组织公民行为的关系比较复杂。在 2000 年博德斯克夫等人的综述研究表明，组织的正规化、组织僵化、顾问或人员支持（Advisory/Staff Support）、领导权力的距离与组织公民行为并不相关。然而，从逻辑上看尽管上述变量是组织层次的变量，但是作为组成群体和组织的个体表现出来的组织公民行为应该和以上变量存在联系，但是实际上并没有得到实证支持。反而，经过实证检验证明群体凝聚力与组织公民行为的各个维度都显著正相关，可觉察的组织支持与员工利他主义显著正相关。

总体上看，激发组织公民行为的组织层次变量的研究成果非常有限，这一缺口为今后的组织公民行为研究提供了可能的领域和继续探索的方向。本书也正是对这种呼吁的响应，以人力资源管理实践这种企业

---

① D – B. Alisonand P. Jeffrey, Just a mirage: the search for dispositional effects in organizational research. *Academy of management review*, Vol. 14, 1989, pp. 385 – 400.

职能性的组织层次变量入手，探讨人力资源管理实践对于组织公民行为的激发效果和作用机制。

（四）领导特征

领导行为可以分为变革型领导、交易型领导、基于路径—目标理论的领导和基于领导—成员交换理论的领导。博德斯克夫等人的元分析研究表明，变革型领导与利他主义、礼节、责任心、运动员精神和公民道德显著正相关。交易型领导中的两种形式和利他主义、礼节、责任心、运动员精神和公民道德显著相关。路径—目标理论的偶尔奖励行为和组织公民行为正相关，常规处罚行为和组织公民行为负相关。领导—成员交换理论的支持性领导行为和组织公民行为的每一个维度都正相关，领导者角色澄清和利他行为、礼节、责任心和运动员精神正相关。辉等人的研究表明，领导—成员交换与利他主义行为、总体的组织公民行为有显著正相关，说明组织公民行为在社会交换过程中扮演着重要角色。总之，以上研究表明，领导行为对员工组织公民行为的影响显著，几乎所有的领导行为维度都与组织公民行为显著相关。

（五）组织公民行为前因变量的总结

以上四个研究领域中，个人特征和领导特征对组织公民行为的影响已经得到了国内外的普遍重视，并且积累了相当丰富的研究成果。相比之下，组织特征和任务特征得到的关注较少。究其原因，第一，因为组织公民行为的概念界定就是个体行为，最初研究起源就重视对个体的研究，无论是个体特征和领导特征，都是以个体为研究对象，因此群体和组织为主体的研究得到的关注较少；第二，根据组织行为学理论，学者对行为的研究重点大部分放在价值观、态度、情感等以人为主体的相关变量上，但是相对而言，对员工从事的工作和员工与工作的配合给予的注意力较少；第三，相对以个体为研究对象的研究而言，群体和组织特征的研究对逻辑推理和研究设计有较高要求，数据收集和测量需要以群体和组织为样本，因此进行管理学的研究需要更多的资源来支撑研究设计的实现和理论的实证检验，总体上看，组织层次和任务特点的研究难度大于对个体特征的研究。

尽管存在以上困难，本书试图从组织层面的因素——企业的人力资源管理实践出发，探讨人力资源管理实践与组织公民行为的关系。之所以探讨企业的人力资源管理，是因为博德斯克夫等人（2000）就指出，有效管理这种超越工作职责要求的行为，与企业人力资源管理、组织文化、管理者决策价值取向等方面的配合有关。

学者伯顿则研究了组织文化、管理价值观这些组织层次的因素与组织公民行为的关系①。研究结果表明，组织文化显著影响组织公民行为。组织文化是影响组织公民行为的重要因素。结合本书的研究设计，本书重点从人力资源管理实践的视角出发，探讨人力资源管理实践对组织公民行为的影响。人力资源管理对员工组织公民行为的诱发以及组织公民行为对人力资源管理实践的影响是组织公民行为研究的重要内容之一（Podsakoff et al.，2000）。未来研究需要重视薪酬决策、奖金分配、晋升、培训以及裁员等人力资源管理实践对组织公民行为的影响。

二、人力资源管理与组织公民行为研究

早期人力资源管理解决的问题是如何使用招聘选拔、绩效评估和培训等人力资源管理实践提高与完成任务有关的工作效率。然而，这种将员工绩效定义在工作职责范围内的单一视角无法考虑到员工个人行为中非正式的自发提高绩效的行为。随着经济全球化和技术变革的影响，员工工作职责的范围在不断拓展和延伸，对员工绩效的理解也由

①　C. H. Burton, *An empirical investigation of the interrelationships of organizational culture, managerialvalues and organizational citizenship behavior.* George Washington University, 2003.

单纯的任务绩效（Task Performance）扩展到组织公民行为。如何在经济全球化和快速变化的环境下运用人力资源管理实践有效地激发、培育和管理员工的组织公民行为成为构建和谐企业和提升企业竞争力的新课题。

国外在组织公民行为和人力资源管理交叉的研究领域中，已经出现了具有学术价值的成果（Borman et al.，1993；Podsakoff et al.，1997；Murphy et al.，1997）[1][2][3]。表 2 - 2 是人力资源管理实践和组织公民行为关系的实证研究成果。这些研究检验了组织公民行为对薪酬决策、奖金分配、晋升以及绩效评估等人力资源管理实践具有显著影响。国内学者张艳秋、凌文辁介绍了人力资源管理对组织公民行为的作用[4]，章小波把招聘选拔和改善领导行为作为有效激发员工组织公民行为的途径[5]。

表 2 - 2   人力资源管理实践对组织公民行为影响的实证研究成果汇总

人力资源 管理实践	作者（年代）	研究对象	OCB/关系绩效/ 亲社会行为
绩效评估	Park & Sims（1989）[1]	137 位技工和管理人员	显著相关
	Werner（1994）[2]	国立大学的 116 位主管	显著相关
	Allen & Rush（1998）[3]	136 位商学和心理学学生	显著相关

① W. C. Borman and M. S. J.，*Expanding the criterion domain to include elements of contextual performance.* San Francisco：Jossey – Bass，1993.

② P. M. Podsakoff，M. Ahearne and S. B. MacKenzie，Organizational Citizenship Behavior and the Quantity and Quality of Work Group Performance. *Journal of AppliedPsychology*，Vol. 82，No. 2，1997，pp. 262 - 27.

③ K. R. Murphy and A. H. Shiarella，Implications of the multidimensional nature of job performance for the validity of selection tests：Multivariate frameworks for studying test validity. *Personnel Psychology*，Vol. 50，1997，pp. 823 - 854.

④ 张艳秋、凌文辁：《企业员工组织公民行为管理》，载《引进与咨询》2003 年第 3 期。

⑤ 章小波：《关于有效激发员工组织公民行为的思考》，载《华东经济管理》2005 年第 2 期。

人力资源 管理实践	作者（年代）	研究对象	OCB/关系绩效/ 亲社会行为
	Park & Sims（1989）	137 位技工和管理人员	显著相关
薪酬/奖金	Allen & Rush（1998）	136 位商科和心理学学生	显著相关
	Kike & Motowidlo（1999）④	494 位商学的研究生	显著相关
晋升	Park & Sims（1989）	137 位技工和管理人员	显著相关

注：①O. S. Parkand H. P. Sims，beyond cognition in leadership：Prosocial behavior and affect in managerial judgment. Working paper. Seoul National University and Pennsylvania State University，1989.

②J. M. Werner，Dimensions that make a difference：Examining the impact of in-role and extra-role behaviors on supervisory ratings. *Journal of Applied Psychology*，Vol. 79，1994，pp. 98 – 107.

③T. D. Allen and R. M. C.，The effects of organizational citizenship behavior on performance judgments：A field study and a laboratory experiment. *Journal of Applied Psychology*，Vol. 83，1998，pp. 247 – 260.

④D. S. Kiker and S. J. Motowidlo，Main and interaction effects of task and contextual performance on supervisory reward decisions. *Journal of Applied Psychology*，Vol. 84，1999. pp. 602 – 609.

企业人力资源管理的各种实践与员工的组织公民行为的关系如下：

（一）工作分析

工作分析是企业人力资源管理工作的基石，几乎所有的人力资源管理实践都需要通过工作分析获取相关信息。如果把绩效拓展到组织公民行为的研究，传统的工作分析面临几个问题：一是传统的工作分析的定义较为狭窄，员工一部分角色内的行为和角色外的行为无法在工作分析中完整的体现出来；二是知识经济时代的组织更加强调创新、灵活及对变化的环境迅速做出反应。传统的工作分析适用于工作性质和工作内容变化缓慢的静态环境，难以做出快速反应；三是常用的工作分析技术将注意力集中在工作描述和岗位职责上，对员工的主动性和合作解决问题重视不够，没有从更宽广的意义上考察员工的贡献。考虑到组织公民行为对工作分析的影响，传统的工作分析的内涵需要进行扩展。

（二）招聘与选拔

组织公民行为对招聘和选拔实践的影响主要集中体现在面试上。尽管文献表明结构化面试的效果要优于非结构化的面试，但是现实中，采取结构化面试的组织并不能招聘到组织最想要的员工，而且虽然结构化面试的优点显而易见，但是还是有很多组织采取非结构化的面试。盖特伍德等通过调查指出，面试中组织主要考察应聘者三种最重要的特征：工作知识、人际关系和公民行为[①]。在公民行为中，列举了例如信任、责任、稳定性和毅力等特质。在这种背景下，面试被认为是组织在收集应聘者的相关信息，这些信息不是简单的与工作有关的信息，还包括员工的人格特质。近年来，员工招聘选拔过程中人格变量的测定也引起了理论界和企业的重视。不断有学者认为人格变量可以解释不同员工付出的努力和毅力的差别。在招聘和选拔中，员工的责任被认为是组织公民行为最强劲的前因变量，这也是组织公民行为的所有维度中与选拔程序关系最密切的变量。因此招聘是在为组织选拔员工，而不是为特定的工作选拔员工，这进一步表明人力资源管理招聘和选拔的实践已经从单维度的选拔向多维度的选拔转变。

（三）培训与成长

一个好的培训方案是几个方面的有效组合：培训需求科学、培训内容合理、培训目标可行和培训方式有效。企业员工培训内容和方式的确定主要依据是工作分析，例如培训与工作相关的知识和细节，教会员工如何做，培训的重点放在任务绩效，没有考虑到培训引导员工的组织公民行为。或者即使考虑到了公民行为，但仅对组织公民行为给予很小的权重。另外，传统认为在员工招聘和选拔中，就应该选择具有公民行为倾向的员工加入组织的观点也受到了质疑。传统认为企业员工的组织公民行为是选拔出来的，而不是培训出来的。但是沃纳（1994）认为，只要具有一般组织公民行为动机的员工也可以被培训成具有高水平组织绩效的员工，在工作中他们表现出高水平的组织公民行为。企业培训研

[①]　R. Gatewood and H. S. Field, *Human resource selection*. Hinsdale, IL: Dryden Press, 1994.

究者也开始关注团队的培训问题，特别是企业团队中知识员工的培训。团队中的知识员工的行为往往难以受到工作描述的约束，传统的任务绩效评估无法评估知识员工的努力程度和合作性。

（四）薪酬福利

按照奥根提出的组织公民行为概念，即在组织的正式薪酬制度中没有得到直接承认，但整体而言有益于组织运作绩效的各种行为，那么可以说，奥根认为正式的薪酬制度与员工的公民行为并没有直接联系。但是现实中，如果一个员工因为一条合理化建议受到了组织的物质奖励，员工为组织付出更多努力的行为就无法得到合理的解释。因此，认为薪酬制度和组织公民行为没有直接联系的概念过于严格界定了组织公民行为的概念，另外，文献也证明员工可觉察的薪酬实践和员工的组织公民行为存在显著的关系。如果放宽组织公民行为和薪酬没有显著联系的这种严格限制，对今后研究组织公民行为和薪酬的关系将是很有好处的。

（五）绩效评估

诺曼在 1991 年指出，当员工认为组织是以任务绩效为导向的组织，员工就会表现出低水平的公民行为；当员工认为组织是以任务绩效和组织公民行为为导向的组织时，员工就表现出高水平的公民行为[1]。在特定的环境中，组织需要识别组织绩效的内涵和组织认可的绩效标准，以及哪些行为在组织中被认为是有价值的。然而，一旦组织公民行为被纳入绩效评估的体系之中，这就意味着制定包含组织公民行为的工作标准需要具体化和行为化。

虽然国内人力资源管理和组织公民行为的研究刚刚起步，但是对我国背景下企业员工的组织公民行为和人力资源管理研究提供了一些认

---

① R. H. Moorman, Relationship between organizational justice and organizational citizenship behaviors: Do fairness perceptions influence employee citizenship? . *Journal of Applied Psychology*, Vol. 76, 1991, pp. 845 –855.

识。然而，这些研究仍然存在一些问题：一是仅仅考察单一的人力资源管理实践与组织公民行为的关系，对人力资源管理各个实践环节之间的配合关注较少；二是对于如何激发组织公民行为的管理研究设计和方法还不够严谨，国外发展的概念和量表尚未经过本土化的检验直接使用的现象较多，结合中国传统文化和社会背景的研究还非常有限。现有的人力资源管理实践对组织公民行为激发机制的研究及其量表大多是西方学者在西方社会环境下采用西方样本发展出来的，这些研究侧重从个体层面的变量入手，主要研究某一种人力资源管理实践对组织公民行为的影响，而且这种分析思路将组织公民行为作为个人绩效的延伸；三是国内对于组织公民行为的激发机理和影响机制研究比较薄弱，缺乏深入的理论分析，对提出的理论框架进行实证检验的文献较少。

三、支持性人力资源实践与组织公民行为

针对人力资源管理实践和组织公民行为研究中存在的问题，本书的研究内容之一是探讨企业人力资源管理中的哪些实践活动对组织公民行为有激发作用，这些实践活动对于组织公民行为的激发机制如何。由于员工的组织公民行为是一种自发性的行为，这种行为的出现和组织对员工的支持程度密切相关（Allen et al. ，2003）。如果没有组织对员工支持的良好氛围，员工就不会表现出更多的组织公民行为，而这种组织的支持性体现在人力资源管理方面，就表现为支持性人力资源实践。

（一）支持性人力资源实践的概念发展

1986 年伊桑尼格（Eisenerger）等人首先提出了支持性人力资源实践（Supportive Human Resource Practice）的概念。随着深入研究，不同学者对支持性人力资源实践的概念产生了不同的理解（Wayne et al. ，

1997；John & Catherine，2000；Allen et al.，2003）①②③。从划分方式上看，已有的一些研究认为职业发展和培训（John & Catherine，2000）、员工参与、奖赏公平和成长机会（Allen et al.，2003）是支持性人力资源实践的重要内容。这里特别值得指出的是艾伦等（2003）的工作。他们不仅提出了支持性人力资源实践的划分方式，而且还借助实证研究验证了这种划分的合理性。事实上，虽然有关研究仍存在很多分歧，但也存在至关重要的一致点，即认为支持性人力资源实践是组织认可员工的贡献并对员工的投资行为。

因此，本书把支持性人力资源实践界定为：向员工投资并认可员工贡献的一类实践（Allen et al.，2003）。从支持性人力资源实践的文献成果中可以得知，支持性人力资源实践的特征主要有：一是投资性。投资性是支持性人力资源实践的重要特征（Allen，2003）。组织对员工的培训活动，尽管从组织的角度出发，是为了组织的长期发展进行的实践活动，但是客观上培训是对员工的投资行为。相对而言，招聘是对员工进行的相对短期的评价和考核，因此研究者通常不认为招聘实践具有投资性，也不认为招聘实践是支持性人力资源实践的内容；二是认可员工的贡献。组织认可员工的贡献，也就是组织对员工的尊重，员工在工作中感受到尊重感，就增强了员工对组织支持的觉察。因此，奖惩公平作为支持性人力资源实践的内容就是认可员工贡献的体现。支持性人力资源实践包括三个方面：成长机会、员工参与和奖惩公平。

1. 成长机会

成长机会是企业可得到的、用以保证在未来的竞争中所需要的关键

---

① P. M. John and C. A. Smith，HRM practices and organizational commitment：Test of a mediation mode. *Canadian Journal of Administrative Sciences*，Vol. 17，No. 4，2000，pp. 319 – 331.

② D. G. Allen，L. M. Shore and R. W. Griffeth，The role of perceived organization support and supportive human resource practices in the turnover process. *Journal of Management*，Vol. 29，No. 1，2003，pp. 99 – 118.

③ S. J. Wayne，L. M. Shore and R. C. Liden，Perceived organizational support and leader-member exchange：A social exchange perspective. *Academy of Management Journal*，Vol. 40，1997，pp. 82 – 111.

方法之一。成长机会直接与企业对其环境作出灵活和富有适应性的改变能力有关，是投资的一种形式。由于这种投资可以理解为组织层面的，也可以理解为个体层面的，因此它是支持性人力资源的一项重要内容。本研究中的成长机会是狭义上的职业发展，是组织为满足自身的人员需求和员工的需要，指导员工指定职业发展规划并公平地提供充分地发展机会和明确的升迁途径的过程（Delery et al.，1996；杨东涛，2006）[1][2]。

2. 员工参与

员工参与是指员工直接或者间接参与所在公司内部事务的管理。员工参与包括代表性和非代表性两种（马克·芬顿—奥克里维等，2002）[3]。代表性参与是指法律规定的员工参与，例如我国的《劳动法》和《公司法》中规定的职工大会、职工代表大会、职工监事制度等代表性员工参与行为。本研究中的员工参与是指非代表性参与，它主要由管理层发起，包括员工在工作本身、在工资福利政策制定等方面的参与。

员工在工作中的参与使得员工在控制工作目标和方法方面具有更大的影响，员工也就被给予了更大的责任和权利，从而对工作任务本身做出决策（迈克尔·比尔等，1999）[4]；在工资福利政策制定等方面的参与，使得员工对工资福利政策的理解更清楚，同时对这些政策有更强的认同感（Jenkins et al.，1981）[5]。

---

[1]　J. E. D. Delery, Modes of theorizing in strategic human resource management: tests of universalistic, comtigency, and configurational performance predictions. *Academy of Management Journal*, Vol. 39, 1996, pp. 802 – 835.

[2]　杨东涛：《人力资源管理系统与制造战略的配合对公司绩效影响的研究》，中国物质出版社 2006 年版。

[3]　马克·芬顿—奥克里维：《吸收员工参与管理》，载《国外社会科学文摘》2002 年第 2 期。

[4]　迈克尔·比尔、伯特·斯佩克特、保罗·劳伦斯、奎因·米尔斯、理查德沃尔顿：《管理人力资本》，华夏出版社 1998 年版。

[5]　G. D. L. Jenkins, Impact of Employee Participatioin in Pay Plan Development. *Organizational behavior and human performance*, Vol. 28, 1981, pp. 111 – 128.

3. 奖赏公平

奖赏公平是支持性人力资源实践的重要维度。奖赏包括保险费、医疗保障、公共设施等，还包括非生产性的奖金和津贴。企业中的人力资源管理的奖赏措施在我国的背景下有时比工资强调的更为重要。很重要的原因之一就是奖赏公平能够培养出作为大家庭的一分子被组织关心的归属感。

（二）支持性人力资源实践与组织公民行为的联系

1986 年伊桑尼格等首先提出了支持性人力资源实践的概念。从划分方式上看，已有的一些研究认为职业发展和培训（John & Catherine，2000）、员工参与、奖赏公平和成长机会（Allen et al.，2003）是支持性人力资源实践的重要内容。这里特别值得指出的是艾伦等（2003）的工作。他们不仅提出了支持性人力资源实践的划分方式，而且还借助实证研究验证了这种划分的合理性。因此，在本书中我们遵循艾伦等（2003）的做法，从组织投资和对员工贡献的认可的角度来界定支持性人力资源实践，并将其界定为员工参与、绩效公平和成长机会三种实践。

奥根（1988）把组织公民行为定义为"在组织的正式酬赏制度中没有得到直接承认，但总体而言有益于提高组织有效性的各种行为"。对于组织公民行为有助于提高组织绩效的观点已经在理论和实证上得到了检验（Organ & Konovsky，1989；Podsakoff et al.，1997）。尽管如此，理论文献对组织公民行为的维度还没有达成一致认识。例如，奥根认为利他（Altruism）、责任（Conscientiousness）、任劳任怨（Sportsman-ship）、公德（Civic Virtue）；谦恭（Courtesy）是组织公民行为的五个维度。"利他"指自发帮助别人完成组织工作或解决与组织有关问题的行为；"责任"指自发从事超出组织对自身承担的角色要求的行为；"任劳任怨"指员工自愿地、无抱怨地忍受组织不完美的工作环境的行为；"公德"指员工自觉地、负责任地参与和关注组织生存状况的行为；"谦恭"指的是自发地与人合作以避免或阻止有关问题产生的行为。樊景立（1997）研究了中国背景下的组织公民行为，在西方组织

公民行为研究基础上，提出了中国组织公民行为由五个维度组成，分别
是：利他（Altruism）、责任（Conscientiousness）、认可组织（Identifica-
tion with the Organization）、人际和谐（Interpersonal Harmony）和保护公
司资源（Protecting Company Resources）。在不同的划分方式中，以奥根的
维度划分影响最大，并且大陆学者也使用过奥根（1988）的五个维度进
行实证研究（苏方国和赵曙明，2005）。本研究中采用的是博德斯克夫等
（1997）的助人行为、运动员精神和公民道德三个维度的组织公民行为划
分①。博德斯克夫等（2000）在对组织公民行为的文献综述中对1997
年的三个维度的定义做了有益的补充。这种三个维度的划分方式苏文郁
（2005）在对台湾员工的组织公民行为的研究中也曾经使用过②。

　　组织公民行为的概念自从提出以后，对组织公民行为的研究迅速从
组织行为学扩展到了人力资源管理领域。正如德鲁克所言，"人对自己
如何工作拥有完全的自主权"，因此企业中的人力资源对于自身在组织
中的行为方式具有很大的选择权，特别是企业的管理者和知识型员工。
而且，他们在工作中是否表现出高水平的组织公民行为还和组织的人力
资源实践密切相关。支持性人力资源实践是组织向员工投资并认可员工
贡献的一类实践，它能促进人力资源的紧密合作。衡量这种人际间是否
能产生紧密合作的绩效之一就是组织公民行为。因此，基于社会交换理
论，如果企业在日常的人力资源管理实践中对人力资源进行投资并且认
可员工的贡献，作为回报，员工会表现出有利于实现组织目标和提升组
织绩效的组织公民行为。此外，人力资源管理对组织绩效影响的研究还
认为组织公民行为是重要的绩效之一，并在此基础上对某种单一的人力
资源管理实践与组织公民行为的关系进行了实证研究（Godard，2001；

---

　　① P. M. Podsakoff, M. Ahearne and S. B. MacKenzie, Organizational Citizenship Behavior and
the Quantity and Quality of Work Group Performance. *Journal of AppliedPsychology*, Vol. 82, No. 2,
1997, pp. 262 – 27.

　　② 苏文郁：《人格特质、印象管理与组织公民行为关系之探讨》，台湾国立中山大学
2005 年版。

Truss，2001；Tsui et al.，1997）。

四、可觉察的组织支持

（一）可觉察的组织支持的概念发展

可觉察的组织支持（Perceived Organizational Support）的概念是从"社会支持"的概念中发展而来的。社会支持可以广义地界定为"帮助关系及其质量的可获得性"（Leary，1983）[1]。布雷特（1980）认为，社会支持有三种类型：帮助（Aid）、影响（Affect）、肯定（Affirmation）[2]。"帮助"是指为员工提供相关信息以减少工作压力，并帮助员工理解工作环境。"影响"是指社会支持的提供者与社会支持的寻求者之间的相互吸引（提供高质量的支持关系）。"肯定"指支持寻求者处理压力的能力和自信。个人可以获得的社会支持的来源可以包括：组织、同事、领导、朋友和家庭等（Caplan et al.，1975）[3]。

20 世纪 90 年代开始，组织中的交换问题引起了学者的研究兴趣（Rousseau & Parks，1993）[4]。正如布劳（1964）所言，社会交换需要非特定的责任，当给他人帮助时，在某种程度上期望在未来获得回报，尽管回报的时间和形式往往是不确定的（Gouldner，1960）[5]。可觉察的组织支持涉及员工对"组织如何评价他们的贡献和关心他们的生活条件"的看法（Eisenberger et al.，1986）。他们认为在社会交换观点下，

---

[1] R. L. Leary，Social support and psychological disorder：a review. *Journal of Community Psychology*，Vol. 11，1983，pp. 3 – 21.

[2] J. M. Brett，*The effects of job transfer on employees and their families*. Chichiester：Willey，1980.

[3] R. D. Caplan and S. Cobb and J. R. P. French，*Job demands and worker health*. Washington D. C.：H. E. W publication，1975.

[4] D. M. Rousseau，Issues of level in organizational research：Multi-level and cross-level perspectives. *Research in organizational behavior*，Vol. 7，1983.

[5] A. Gouldner，The norm of reciprocity：a preliminary statement. *American Sociological Review*，Vol. 25，1960，pp. 161 – 178.

组织以经济和情感的组织承诺程序来解释可觉察的组织支持。同时，他们认为员工对组织支持的觉察会满足员工被赞许的需要，员工和组织成员形成自我认同，然后发展成对组织的正向情感。

麦克米林（1997）认为伊桑尼格等（1986）提出的可觉察的组织支持概念只着重于支持的两个方面：亲密支持和尊重支持，忽略了支持的其他方面①。因为员工如果没有了物质性的支持，就缺少完成工作必需的信息、工具和设备等。

另外，也有学者认为，可觉察的组织支持代表员工对控制他们的资源和报酬的管理人员的总体评价（Maria L Kraimer et al.，2001），提供资源和报酬同样被视为一种帮助形式②。可觉察的组织支持属于布雷特（1980）界定的第一种类型的社会支持——帮助支持。

研究者在发展可觉察的组织支持概念的同时，也发展了可觉察的组织支持的检测方法。检测可以分为五个方面：高层管理者的支持、中层管理者的支持、一线管理者的支持、生产员工的支持、参谋员工的支持（Hyonsong Chong et al.，2001）③。

（二）可觉察的组织支持的相关变量

罗兹（2003）的分析表明，影响可觉察的组织支持的三个重要的前因变量是：程序公平、上级的支持、组织的奖赏和工作条件④。程序公平包括组织政策形成的公正和资源分配的公正。员工通过对组织程序

① R. McMillin, *Customer satisfaction and organizational support for service providers*. USA：University of Florida，1997.

② M. L. Kraimer, S. J. Wayne and Renata, Sources of support and expatriate performance：the mediating role of expatriate adjustment. *Personnel Psychology*，Vol. 54，No. 1，2001，pp. 71 - 100.

③ C. Hyonsong and R. E. W.，Relationship among organizational support, JIT implementation, and performance industrial management data systems. *Wembley*，Vol. 101，No. 5，2001，pp. 273 - 281.

④ J. B. Ronald, Nursing staff attitudes following restructuring：The role of perceived organizational support, restructuring processes and stressors. *The international Journal of Sociology and Social Policy*，Vol. 23，No. 8，2003，pp. 129 - 158.

公正的感受，而自然产生可觉察的组织支持。可觉察的主管支持（Perceived Supervisor Support，PSS）指员工对上级关心和重视他们贡献的信念，员工将上级对待他们的方式作为组织支持的体现。奖赏和支持性的工作条件是指如果为员工提供发展工作技能的空间以及对其工作给予来自上级管理者的理解和承认等都能够促进员工可觉察的组织支持的产生。

在可觉察的组织支持研究中，组织支持的自愿性、员工对上级在组织中地位的感受及集体主义的人格特质是三个较为重要的调节变量。首先，如果组织在合同和政府监管压力之外主动采取措施帮助员工，就会使员工产生更高的可觉察的组织支持。其次，伊桑尼格（1986）研究发现可觉察的主管支持和可觉察的组织支持的联系随着员工感受到的上级在组织中地位的增高而加强。此外，具有集体主义人格特质的员工将会更多地通过关注组织对他们同事的贡献及对幸福感的重视程度来判断组织如何对待他们自己的，如果同事的可觉察的组织支持高，相应的这些员工就会产生更强的可觉察的组织支持。

可觉察的组织支持通过以下五个方面对员工产生影响：一是促使员工产生义务感以帮助组织实现目标；二是促使员工产生对组织的感情承诺；三是促使员工增强对自己能力的信心；四是促使员工在需要帮助的时候增强对组织的依靠感；五是提高了员工对自己良好绩效受到上级关注的期望值。伊桑尼格研究发现，可觉察的组织支持和绩效奖赏期望之间存在正向联系。

伊桑尼格和他的同事认为可觉察的组织支持不仅和缺勤有关，还和传统的工作职责中的责任及创新有关（Eisenberger，1986；1990）。与可觉察的组织支持相关的这些概念都与可觉察的组织支持具有一定的联系。此外，社会交换框架还认为，高水平的可觉察的组织支持不仅可以使员工产生责任感，而且为了回报组织对自己的承诺，还会采取行动，这些行动有利于组织目标的实现和组织绩效的提升。表2-3是可觉察的组织支持的因果变量汇总。

表 2 - 3　　　　　　可觉察的组织支持的因果变量汇总

前因变量		结果变量
公平（Cropanzano et al.，1997）[①]	可觉	出勤（Eisenberger et al.，1986）[⑥]
工作状况（Eisenberger et al.，1999）[②]	察的	工作绩效（Eisenberger et al.，1990）[⑦]
主管支持（Settoon et al.，1996）[③]	组织	组织公民行为（Shore & Wayne，1993）[⑧]
人力资源实践（Wayne et al.，1997）[④]	支持	工作满意（Eisenberger et al. 1997）[⑨]
人格（Aquino et al.，1999）[⑤]		感情承诺（Eisenberger et al.，1990）

注：①R. Cropanzano，J. C. Howes，A. A. Grandey and P. Toth，The relationship of organizational politics and support to work behaviors，attitudes and stress. *Journal of Organizational Behavior*，Vol. 18，1997，pp. 159 - 180.

②R. Eisenberger，L. Rhoades. Does pay for performance increase or decrease perceived self-determination and intrinsic motivation? *Journal of Personality and Social Psychology*，Vol. 77，1999，pp. 1026 - 1040.

③R. Setton，Social Exchange in Organization：Differential Effects of Perceived Organizational Support and Leader Member Exchanger. *Journal of Applied Psychology*，Vol. 6，1996，pp. 219 - 227.

④S. J. Wayne，L. M. Shore and R. C. Liden，Perceived organizational support and leader-member exchange：A social exchange perspective. *Academy of Management Journal*，Vol. 40，1997，pp. 82 - 111.

⑤K. Aquino and R. W. Griffeth，*An exploration of the antecedents and consequences of perceived organizational support：A longitudinal study.* University of Delaware，1999.

⑥Eisenberger，Stenven，Sowa，Debora，Robert，Huntington and Robin，Perceived organizational support. *Journal of Applied Psychology*，Vol. 71，No. 3，1986，pp. 500 - 508.

⑦R. Eisenberger，P. Fasolo，and V. DavisLaMastro，Perceived organizational support and employee diligence，commitment，and innovation. *Journal of Applied Psychology*，Vol. 75，1990，pp. 51 - 59.

⑧Shore，A Construct Validity Study of the Survey of Perceived Organizational Support. *Journal of Applied Psychology*，Vol. 7，1991，pp. 637 - 643.

⑨R. Eisenberger，J. Cummings，S. Armelo and P. Lynch，Perceived organizational support，discretionary treatment，and job satisfaction. *Journal of Applied Psychology*，Vol. 82，1997，pp. 812 - 820.

第四节　组织公民行为的影响效应

一、组织公民行为的影响效应研究

目前，关于组织公民行为的结果变量研究主要集中在以下三个方面：组织公民行为对客观绩效评价的影响；组织公民行为对主观绩效的影响；组织公民行为对组织效能的影响研究。

（一）组织公民行为对组织客观绩效评价的影响

组织客观绩效是能直观测量的组织绩效，例如销售绩效、任务绩效等。阿维拉（Avlia）等人的研究表明，在对电脑销售业务员的最终业绩评价中，销售绩效占12%，组织公民行为占48%。麦肯齐等（Mackenzie et al.，1993）对261个保险公司的保险代理人进行测试，发现组织公民行为在其总体业绩评价中所占的比例高达44%[①]。博德斯克夫等人2000年综合了该领域的11项研究，并且元分析表明，在总体绩效评价中，任务绩效仅占9.5%，组织公民行为则占42.9%，将两者效果合并则占总体绩效评价的61.2%，排除方法因素引起的误差仍然可以解释总体绩效评价的46%。

由此可见，在绩效评价中，组织公民行为比工作绩效占更大的比例，其中利他主义、公民道德和运动员精神维度对绩效评价的贡献最为显著，这也是在本研究中选取博德斯科夫（1997）对组织公民行为三个最重要的维度划分的依据之一。

（二）组织公民行为对组织主观绩效评价的影响

组织公民行为对组织主观绩效的影响，在绩效主观评价研究中，主要是指组织公民行为指标相关的概念关系绩效来进行测量的。博德斯科夫等人（2000）综合了在此领域内的8项研究后，利用元分析表明，在主观绩效评价中，工作职责内的行为占9.3%，而关系绩效占12%，将两者效果合并则可以解释绩效评价中42%的变异。以上研究表明不论在客观和主观绩效评价中，组织公民行为的重要作用都不可忽视。

关于组织公民行为对组织评价的影响实验研究也表明，组织公民行为和关系绩效影响组织对个体绩效评价、薪酬、奖励分配和提升的决

---

① S. B. MacKenzie, P. M. Podsakoff and R. Fetter, The impact of organizational citizenship behavior onevaluations of sales performance. *Journal of Marketing Research*, Vol. 57, 1993, pp. 70 – 80.

策。研究者通过操纵组织公民行为、关系绩效和工作职责要求内的行为变量，考察它们对绩效评价及相关决策的影响。这些研究结果表明组织公民行为与这些结果变量直接相关。同时，许多实验研究也发现，工作职责外行为和工作职责要求内的行为的相互作用也是显著的。

以上的研究成果表明组织公民行为对多种组织绩效评价变量和人力资源管理决策都有显著影响和预测作用，与工作职责内的行为具有同等重要性。另外组织公民行为与职责外行为的相互作用也会直接影响人力资源管理决策的效果。

（三）组织公民行为对组织绩效影响的研究

奥根（1988）认为员工的组织公民行为从整体上能够提高组织的效能。组织公民行为是组织运行的润滑剂，减少组织内部运行时的摩擦，因此能够提高组织效能。

博德斯科夫等人（2000）将组织公民行为对组织绩效的影响总结为6个方面：

（1）组织公民行为能够提高员工的生产力。员工可以通过相互帮助改善工作条件和提升自己的工作技能，从而发展出更有效的工作方法。这些先进的技能和方法可能因为员工的互助行为在工作团队中传播、发展和改进。

（2）组织公民行为可以提高管理者的管理效能。当员工积极参加公司的事务，例如公民道德维度，管理者能够及时了解到有价值的建议，以及员工对管理措施的反馈。

（3）组织公民行为可以释放更多资源，把这些资源有效投入到生产活动中。责任意识强的员工需要的管理和监督比较少，管理人员可以更多地授权给他们，因此可以节省管理者的时间。经验丰富的员工主动帮助新员工适应工作要求，可以节省公司的培训资源。

（4）组织公民行为能够有效协调团队成员和工作群体之间的活动。员工积极主动地参加公司会议将有助于团队成员之间协调彼此的努力方向，进而提高工作小组的工作效率和改善工作小组的工作技能。

（5）组织公民行为能够创建良好的企业文化，增强组织吸引优秀人才的能力。员工的利他行为不仅帮助同事解决工作上遇到的问题，还可以改善士气，提高团队凝聚力，增强归属感，组织能够更好地吸引和留住优秀的员工，激励员工为组织做出更多的贡献和创造更多的价值。

（6）组织公民行为可以提高组织的稳定性。比如互助可以使员工渡过难关，保持稳定的工作成绩；责任意识也有助于员工保持持续高水平的工作业绩。

在我国的文化背景下，组织公民行为对组织具有更大的影响。我国的传统文化强调个体和他人的关系，认为社会行为最有力的决定因素不是个体本身，而是个体以外的关系背景。因此在中国组织绩效中人际关系的影响更加突出，而以合作和良好意愿为特征的组织公民行为在我国背景下的组织管理中应该具有更大的作用（张秋艳，凌文轻，2003）。

（四）组织公民行为对任务绩效的影响

奥根在组织公民行为的概念中认为"组织公民行为从整体上提升了组织绩效"，也就是说，组织公民行为并不是直接和组织绩效发生联系的，而是这种行为整合起来才对组织绩效有提升作用。实际上，奥根在1988年一提出组织公民行为概念以来，组织公民行为始终被看作个体行为，几乎所有的研究都认为组织公民行为是个体层次的变量，围绕个体态度等变量进行研究。也正是由于组织公民行为是个体层次的变量，组织绩效是群体层次的变量，测量中很难将组织公民行为对组织绩效的提升作用测量出来，也有学者对此提出了质疑（Podsakoff et al.，2000），认为需要仔细分辨组织公民行为到底是如何提升企业绩效的。如果说员工的组织公民行为影响到绩效，首先是对个人绩效的影响，因此组织公民行为对于组织绩效的提升是间接的，是通过整合个人绩效的改善而提升组织绩效的。对个人绩效的发展和测量国外已经比较成熟，通常是用与工作相关的任务绩效的改善表征个人绩效的提升（Tsui et al.，1997）①。任务活动的完成主要依靠任务绩效来衡量。任务绩效是指与完成工作直接相关的绩效。研究组织公民行为和任务绩效的关系也得到了其他学者的呼吁（Podsakoff et al.，2000）。

二、组织公民行为的负面影响

组织公民行为有助于提高组织的有效性，这一点已经在理论和实证上得到了验证（Organ & Konovsky，1989；Podsakoff & 1990；1997；2000）。员工的组织公民行为能够提高组织绩效，关键在于它充当了组织运行的润滑剂，减少组织各个部件运行时的相互摩擦，从而促进整个组织效率的提高。以上认识主要从组织公民行为的有利方面进行研究，认为社会交换动机可以有力地解释员工的组织公民行为提升组织绩效。

本书把研究视角进行转移，考虑到组织公民行为的负面影响。从印象管理角度出发，既然组织公民行为可以增进组织和员工个人的福利，员工会不会故意表演出组织公民行为？本书把出于组织公民行为提升组织绩效的员工称为"好战士"，而把表现出组织公民行为给主管和他人留下好印象的员工称为"好演员"。

国外的研究也考虑到了组织公民行为的印象管理动机。博利诺（1999）首次系统地研究了印象管理对整个组织公民行为研究的影响，并提出了相应的概念模型②。他认为当印象管理较强时，组织公民行为与组织绩效的相关性比较小；当印象管理较弱时，组织公民行为与组织绩效的相关性较大。

国内徐长江、时勘（2004）和郭晓薇等（2004）也开始关注组织

---

① A. TSui, J. L. Pearce, L. W. Porte and A. M. Tl-ipoli, Alternative approaches to the employeeorganization relationship: Does investment in employees pay off? *Academy of Management Journal*, Vol. 40, 1997, pp. 1089 – 1121.

② M. C. Bolino, Citizenship and impression management: good soldiers or good actors. *Academy of Management Review*, Vol. 24, No. 1, 1999, pp. 82 – 98.

公民行为负面作用。郭晓薇等（2004）把印象管理动机视为印象管理，在测量上认为两者是同一个概念，并对印象管理策略中的做秀和奉承两个策略进行了研究。但是，按照组织行为学理论，动机先于行为方式，动机并不一定导致行为。如果将印象管理动机等同于印象管理概念，会造成测量上的误差。我们只能认为印象管理动机是印象管理最强劲的预测变量。这一点利里等（1990）在提出的印象管理动机模型中也做出了详细的说明①。

以上研究成果表明，组织公民行为可能是一种达成好印象的手段，也就是说，员工表现出的组织公民行为不是为了提升组织绩效，而是出于印象管理，给他人特别是给主管留下好印象。

我国传统文化对人际关系非常重视。在某些特定环境下，人际和谐甚至比工作效率还要重要，因此印象管理成为研究我国背景下组织公民行为必须要考虑的因素，把印象管理这一变量纳入组织公民行为研究中去，可能会显著地观察到印象管理对组织公民行为的影响，因此可能会得到不同于西方的研究成果。由此，我国背景下把印象管理纳入到组织公民行为的研究中具有重要意义。印象管理对我国文化背景下的企业也具有重要影响，在这种高度重视人际关系环境中，如果组织公民行为泛滥，导致的直接后果就是员工刻意争先恐后去表现组织公民行为，出现组织公民行为升级（Escalating Citizenship）的现象，长此以往，员工在这种工作环境中感到更大的工作压力和工作负荷，容易引发员工之间的不满和人际冲突。

组织公民行为的负面影响的研究引起了本文的研究兴趣：企业员工的公民行为激发出来以后，对任务绩效有何影响？在重视人际关系的中国文化背景下，员工的组织公民行为除了影响企业绩效，会不会出于给同事特别是主管留下好印象而从事组织公民行为？这些问题将是本文的

---

① M. R. Leary and R. Kowalski, Impression management: a literature review and two-component model. *Psychological bulletin*, Vol. 107, 1990, pp. 34 – 47.

研究内容之一。

三、印象管理与组织公民行为

（一）印象管理定义

社会学家和社会心理学家对印象管理的研究已经有四十多年了，最初的研究可以回溯到社会学家戈夫曼于 1959 年出版的著作《日常生活中的自我表演》（*The Presentation of Self In Everyday Life*）。戈夫曼在这本著作中用戏剧表演的比喻来解释日常生活，通过模型来阐述人的行为。通过对周围事务的观察，我们也可以发现，不仅歌剧院里有舞台，生活中也是如此。只要人处于和他人交往的情景中，就无法避免被置身于前台（front）。每个人运用特定的技巧，在其他人面前表现自己，试图操纵他人的反应和身处的情景，从而表现和维持自我形象和角色。然而每个人在操纵他人的反应时，同时受到他人的操纵并且成为他人的观众。因此，每个个体既是演员，又是观众。

施伦克尔（1985）将印象管理定义为"一种想要控制他人对自己真实或想象中的企图"[①]。利里等（1990）提到，施伦克尔（1980）对印象管理的定义忽视了心理因素的影响，因此并不准确，他们将表演者的心理因素考虑到印象管理的定义中，认为只要个体拥有企图控制他人的想法时，就可以称为印象管理。罗森菲尔德等（1995）提出了更具有操作性的印象管理定义，是指人们影响他人对自己形象认知的过程[②]。这也是目前印象管理研究中最常被引用的定义。基于以上考虑，本研究采用罗森菲尔德等（1995）对印象管理的界定。

[①]　B. R. Schlenker, Identity and self-identification. *The self-and social life*, 1985, pp. 65 – 99.

[②]　L. Rosenfeld, T. Anderson, G. Hatcher, J. Roughgardenand Y. Shkedy, Upwelling fronts and barnacle recruitment in central California, *MBARI tech. report*, 1995, pp. 5 – 19.

（二）印象管理的类型

1. 泰代斯基和梅尔伯格（1984）的划分[①]

泰代斯基和梅尔伯格（1984）认为印象管理可以分为"肯定—防御"和"战术—策略"的2×2矩阵。肯定性印象管理针对特定观众建立的特定形象，它不仅仅是对情景要求作出的反应，具有主动性；防御性印象管理针对情景需求作出回应，通常是个体遭遇困境时采取的行动；战术性印象管理是个体心目中已经有清晰的短期目标时从事的行为；策略性印象管理拥有建立个人声誉从而实现长远目标，例如竞争力、责任感、领导能力等。四种印象管理划分为四种类型：

（1）防御—战术行为。包括解释、放弃、自我限制、道歉、赔偿和利他行为等。

（2）防御—策略行为。包括酗酒、乱用药物、恐惧症、忧郁症、心理疾病和无助的状态等。

（3）肯定—战术行为。包括往脸上贴金、自我提升、奉承、威慑、示范、自我推销和哀求等。

（4）肯定—策略行为。包括吸引力、自尊、声望、地位、可信性和可靠度等。

2. 韦恩和费里斯（1990）[②]

韦恩和费里斯（1990）为了研究主管和下属的相互知觉，构建了24个条目的印象管理量表。研究采用下属自评的方式，计算下属使用印象管理的频繁程度，把印象管理分为三类：

（1）工作为中心的战术（job-focused tactics）。这类战术企图操控

---

① Tedeschi, Impression Management and Influence in the Organization. *Research in the Sociology of Organization*, Vol. 3, 1984, pp. 31 – 58.

② Wayne, Influence tactics, affect, and exchange quality in ubordinate interactions: A laboratory experiment and field study. *Journal of Applied Psychology*, Vol. 75, No. 5, 1990, pp. 487 – 499.

与工作相关的信息，在主管面前塑造出正面印象的战术。

（2）主管为中心的战术（supervisor-focused tactics）。使用这类战术的下属会主动迎合主管，帮助主管处理私人事务等。

（3）自我为中心的战术（Self-focused Tactics）。为了塑造自我优秀、礼貌印象而表现出的策略。

3. 波兹曼和卡玛（1997）[①]

波兹曼和卡玛（1997）提出了印象管理过程的动态模型，认为印象管理来自目标观众作出的反应和参考目标的差异。由此可知，表演者在从事印象管理战术时，不是一成不变的，而是会受到目标观众的反馈、是否实现理想形象等影响。他们把印象管理概括为三类：

（1）形象提升与保护（Identity Enhancement and Identity Protection）。形象提升是指表演者从事能够改进、提升目标观众眼睛中自己形象的策略性行为；形象保护是指表演者为了预防自己在目标观众眼睛中的形象受到损失采取的策略性行为。

（2）形象调整（Identity Adjustment）。形象调整指表演者因为表演过分而采取的挽回策略（Schlenker，1990）。表演者的挽回措施有两种：一是表演者对目标观众的反应很满意，把自己的参考目标提高到目标观众给予回馈的水平；二是表演者认为自己在目标观众面前呈现的形象不可能继续下去，而加以调整。

（3）形象维持（Identity Maintenance）。形象维持是指表演者稳定地维持自己在目标观众面前呈现的形象，以强化自己已建立的形象。

早期的印象管理量表包括韦恩等（1990）和古玛等（1991）[②] 编制的问卷，但是这两个量表都有不尽人意之处。博利诺（1999）就指出，韦恩等编制的问卷在效度和信度上有待提高，而古玛等编制的问卷中的

---

① Bozeman, A cybernetic model of impression management processes in organizations. *Organizational Behavior and Human Decision Processes*, Vol. 69, No. 1, 1997, pp. 9 – 30.

② K. Kumar and B. M., Construction and validation of an instrument for measuring ingratiatory behaviors in organizational settings. *Journal of Applied Psychology*, Vol. 76, 1991, pp. 619 – 627.

很多条目与组织公民行为的条目非常相近，无法有效区分。鉴于以上不足，博利诺等人自行开发了一套印象管理测量量表，这一量表的理论基础是琼斯和皮特曼（Jones & Pittman，1982）对印象管理的分类理论。此次研究中采用的量表是博利诺等（1999）和特恩利（1999）在琼斯和皮特曼（1982）对印象管理行为分类的基础上开发的量表[①]。前文已述，该理论把印象管理策略分为奉承、自我推销、做秀、威慑和示弱五类：

（1）奉承（Ingratiation）。琼斯早在 1965 年的著作《奉承：社会心理分析》（Ingratiation：A Social Psychological Analysis）就提出了印象管理战术中的一种类型：奉承[②]。他认为此种印象管理行为是表演者利用了某些不正当的方法来设计、增加表演者对他人的吸引力。并在其著作中以四种不同的行为类型来探讨奉承行为的实际策略，分别是：

第一，强化他人（Complimentary Other-enhancement）。这种行为通常是谄媚，特意去夸大他人正面的地方而刻意忽视负面的地方。这种策略会成功通常是因为目标观众无法抵抗从事奉承战术的个体把他们的地位给抬高了。有时候也可以用间接的方式，向第三者说些目标观众的好话，再由第三者转告目标观众，可信度就在此过程中建立了。

第二，同意他人意见、判断与行为（Conformity in Opinion，Judgement and Behavior）。这种行为是指表演者表现出自己和目标观众有许多相同点，这种假设是基于人们都喜欢和与自己拥有相同的价值观的人相处，此种行为范围可能从简单的意见一致到模仿都有可能。与口头上的谄媚不同之处在于，模仿和其他类型的顺从比较难以显现并加以维持，特别是当表演者根本就不同意目标观众的想法与行为时。而另一种可行

① E. E. Jones and T. S. Pittman，Toward a general theory of strategic self-presentation. *Psychological perspectives on the self.* New Jersey：Erlabaum，1982，pp. 231 – 263.

② E. E. Jones，*Ingratiation：A Social – Psychological Analysis.* New York：Appelton – Century – Crofts，1965.

的策略是，干脆让目标观众灌输你他的看法。但是，不能每次都同意目标观众的想法，尝试把自我的想法跟他分享。

第三，自我呈现（Self‑Presentation）。对目标观众表现出自己拥有、而他也喜欢的特质。从事奉承战术的个体可以把焦点放在本身的长处与优点上，或是目标观众的长处与优点上。实际的做法像是谦虚、诚实、向目标观众请益或请求协助等都可以讨他的欢心。另外，从事奉承战术的个体与目标观众的地位关系是很重要的。如果从事奉承战术的个体地位较高，该个体就应该着重在谦虚这一方面；相反地，那么该个体就该着重在他所能带来的正面价值。

第四，略施小惠（Rendering Favors）。琼斯还不清楚从事略施小惠的个体是否只是基于互惠的义务，而回馈给目标观众。然而，如果略施他人小惠而不怀抱着任何回报的心理也许会是非常成功的一种策略。而加德纳等（1988）对于奉承的定义为—表演者利用一系列的肯定性策略去获得当权者的赞赏及同意[①]。他们并没有将奉承行为套上一个负面的形象来进行评价，而单纯的是以其进行的内容与方法来探讨、研究，甚至还指出如果能审慎的使用此种奉承行为，是可以有效促进良好人际关系并增加组织内外和谐气氛的。本研究所使用的印象管理行为量表，是以琼斯等（1982）对于印象管理行为的分类为所建构的，对于奉承战术的定义为个体藉由谄媚的举动或帮助目标观众，让他们对个体的好感度上升。

（2）自我推销（Self‑Promotion）。从事自我推销战术的个体，通常是希望目标观众能够感受到他的能力或是拥有其他的特质，像是聪明、有智慧或是具有干劲等。然而，有时候从事自我推销的战术是为了得到眼前立即的利益。像是人们在面试的时候，因为很想得到该份工作，所以可能会夸大自己的好处，以获得面试者的青睐（Tedesch &

---

① Gardner, Impression Management in Organizations. *Journal of Management*, Vol. 14, No. 2, 1988, pp. 321 – 338.

Melburg，1984)①。而琼斯等（1982）认为自我推销战略是个体向目标观众表现出他们的能力与成就，好让目标观众觉得他们是很有竞争力的。

在该研究中以面谈为例，提到应试者会利用自我推销战术，让面试者认为他的确具有某种正向的特质。往自己脸上贴金是应试者试着去强化一个正向的事件，并最大化自己与此事件的关联；自我提升指除了最大化自己与正向事物的关联外，还会让他人认为他做的比别人认为的还要多更多；克服障碍则是应试者会特别强调在向目标迈进时，问题与障碍是如何妨碍他，以提升他完成该事件的价值。以上这些都包含在自我推销战术，主要是利用表演者对自己不论正面或反面个人特质的呈现，让目标观众形成某种既定的印象，使表演者能够维持心中所期望的自我形象。

（3）做秀（Exemplification）。此种战术可能包括扮演正直的或有操守等行为的典范或范例，并且通常可以得到立即的效果，像是影响他人决策等。于是，从事这种战术的个体可能会提早到达公司、午休时间不曾超过一个小时且很少浪费时间，在其他同事前建立起自己身为模范的地位（Tedeschi & Melburg，1984）。琼斯等（1982）对于示范战术的定义为个体自我牺牲或是做些超出自己工作范围的事情以让目标观众认为他们的确把自己奉献在某些事情上。

（4）示弱（Supplication）。从事哀求战术的个体不外乎就是想要传达给他的目标观众一种自己很无助、需要依赖他人的形象。这种战术背后的目的就是在于要引起他人的社会责任道德感，进而得到他人的帮助或是从他人那边得到好处。而琼斯等（1982）对于示弱战术的定义为个体到处散布消息以让目标观众知道自己的弱点或缺点，好让目标观众认为个体是需要帮助的。然而，泰代斯基等（1976）在研究中指出此种战术只有在目标观众认为帮助该个体不需付出很多或甚至不用成本

---

① Tedeschi，Impression Management and Influence in the Organization. *Research in the Sociology of Organization*，Vol. 3，1984，pp. 31 – 58.

时，才会奏效。

（5）威慑（Intimidation）。从事威慑战术的个体想要传达给他的目标观众一种自己很危险、有权势、有影响力的形象（Tedeschi & Melburg，1984）。表演者借助制造自己是一个危险人物的印象，来展现力量以控制人际间的互动（Jones & Pittman，1982），此种印象管理行为大多是由上司，也就是握有权力的一方所进行，其目的主要在于使他人能够服从、跟随他的意见。

经过四十余年的研究，印象管理已经被视为工作场合中的一种普遍的现象，而印象管理也在许多情境中探讨过，例如面试过程（Stevens & Kristof，1995）、绩效评估（Wayne & Ferris，1990；Wayne & Kacmar，1991；Wayne & Liden，1995）、领导（Wayne & Green，1993）、生涯（Feldman & Klich，1991）、寻求回馈（feedback seeking）（Ashford & Northcraft，1992）、印象管理过程的探讨（Bozeman & Kacmar，1997）、策略制定（Rosenfeld、Giacalone & Riordan，1995）、领导者与下属间的关系（Liden & Mitchell，1989；Wayne & Ferris，1990）[①]，而本研究的重点就是探讨印象管理对组织公民行为和绩效的关系的调节作用，以及印象管理对组织公民行为和好印象的调节作用。

---

① Liden，Ingratiatory behaviors in organizational settings. *Academy of Management Review*，Vol. 13，No. 4，1988，pp572 – 587.

第三章

研究框架和研究方法

本章将在第二章文献综述的基础上，通过理论推导和集成，形成本书的研究框架，确定所采用的研究模型和研究方法。

第一节　研究框架

一、支持性人力资源实践：组织公民行为的激发机制

国内学者对组织公民行为的研究进行了大量的研究综述和实证工作①②③。在此过程中，学者已经开始探讨人力资源管理实践对组织公民行为的激发作用。例如，张艳秋、凌文辁介绍了人力资源管理实践对组织公民行为的作用④，章小波把招聘选拔和改善领导行为作为有效激发

---

① 林声洙、杨百寅：《中韩家长式领导与组织支持感及组织公民行为之间关系的比较研究》，载《管理世界》2014 年第 3 期。

② 杨斌、陈坤：《组织公民行为概念的发展困境及其突破线索探讨》，载《外国经济与管理》2012 年第 3 期。

③ 李燕萍、涂乙冬：《组织公民行为的价值取向研究》，载《管理世界》2012 年第 5 期。

④ K. R. Murphy and A. H. Shiarella, Implications of the multidimensional nature of job performance for the validity of selection tests: Multivariate frameworks for studying test validity *Personnel Psychology*, Vol. 50, 1997, pp. 823 – 854.

员工组织公民行为的途径①。虽然这些研究刚刚起步，但是对我国背景下企业员工的组织公民行为激发机制研究提供了一些认识。尽管如此，这些研究仍然存在一些问题：一是仅仅考察单一的人力资源管理实践与组织公民行为的关系，对人力资源管理各个实践环节之间的配合关注较少；二是对提出的理论框架进行实证检验的文献较少，而进行实证检验的文献对于如何激发组织公民行为的管理研究设计和方法还不够严谨，国外发展的概念和量表尚未经过本土化的检验直接使用的现象较多；三是国内对于人力资源管理实践对组织公民行为的激发机理研究还比较薄弱，缺乏深入的理论分析；四是结合我国传统文化和社会背景的研究还非常有限，对于当前我国转型时期的经济特点对员工组织公民行为的影响考虑还很欠缺。

探讨支持性人力资源实践对组织公民行为的激发机制，首先要探讨支撑研究问题的理论基础。社会交换理论（Social Exchange Theory）可以解释组织公民行为。这一点已经得到了普遍认可②。该理论认为，员工和组织之间存在一种交换关系，员工通过完成工作职责来换取报酬和福利以及总体上的一种可觉察的组织支持（Perceived Organizational Support）。可觉察的组织支持是员工根据组织对自己的重视贡献程度和对自己福利的关心程度，是对组织的一种感知。较高的可觉察的组织支持会使员工形成回报组织的强烈义务感。如果员工认为组织支持大于自己的工作投入时，会产生一种积极的态度，希望通过增强工作绩效来回报组织，如果由于客观条件的限制员工不可能无限制地改进绩效时，员工也会寻找其他途径来回报组织，比如采取组织公民行为。

从社会交换理论出发，组织采取的支持性人力资源实践是对员工贡

---

① 章小波：《关于有效激发员工组织公民行为的思考》，载《华东经济管理》2005 年第 2 期。

② M. A. Konovsky and P. S. D. , Citizenship behavior and social exchange. *Academy of Management*, Vol. 37, 1994, pp. 656 – 669.

献的认可，是组织对员工的投资行为。在这种状况下，员工出于回报心理，会对组织的认可做出行为表示，其中很重要的就是为组织和其他成员从事更多的组织公民行为。因此，学术界大多认可基于社会交换理论的组织人力资源管理实践和员工的组织公民行为的联系，但是对于两者之间的作用机制看法并不一致。通过文献阅读和理论归纳，本书的研究内容之一是需要获取数据，运用结构方程模型方法，证明组织公民行为的激发机制模型。在此模型中，本书认为支持性人力资源实践与组织公民行为有正向联系，可觉察的组织支持在这种联系中起到中介作用。之所以认为支持性人力资源实践通过可觉察的组织支持影响组织公民行为，是因为：支持性人力资源实践（例如培训与成长、员工参与和奖惩公平）是组织向员工投资并认可员工贡献的一类实践，它能促进人力资源的紧密合作。衡量这种人际间是否能产生紧密合作的绩效之一就是组织公民行为。因此，本书认为：基于社会交换理论，当企业采取越多的人力资源管理实践时，员工察觉到的组织支持也会越多，为了回报组织的投资和对其贡献的认可，员工产生出很强的承诺感，愿意继续留在组织内，往往会付出超出职责范围的努力，表现出更多的组织公民行为。在组织公民行为的激发机制研究中，自变量是支持性人力资源实践，可觉察的组织支持是中间变量，因变量是组织公民行为。由此，人力资源管理视角下的研究模型见图3-1。

图3-1　人力资源管理实践对组织公民行为的激发机制

二、利他：印象管理对组织公民行为和任务绩效的调节作用

组织公民行为有助于提高组织的有效性，这一点已经在理论和实证

上得到了验证①②③。正是因为员工的组织公民行为能够提高组织绩效，国内外学者和企业界才会乐此不疲的探寻激发和培育组织公民行为的方法。但是组织公民行为一旦被激发出来，就真的对组织有利，没有任何弊端吗？就真的能提升组织的效率吗？组织公民行为虽然有助于提高组织的有效性，但是这些研究基于一个出发点：组织公民行为是有利的行为。员工的组织公民行为能够提高组织绩效，关键在于它充当了组织运行的"润滑剂"，减少组织各个"部件"运行时的相互摩擦，从而促进整个组织效率的提高。以上认识主要从组织公民行为的有利方面进行研究。员工出于利他动机，积极采取有利于组织运作的行为，所以具有这种行为动机的人被称为"好战士"，出于此类动机的研究占到了总体研究数量的90%以上，认为社会交换动机可以有力地解释员工的组织公民行为提升组织绩效。

但是组织公民行为可能是一种印象管理的手段，也就是说，员工表现出的组织公民行为不是为了提升组织绩效，而是出于印象管理动机。博利诺首次系统地研究了印象管理动机对整个组织公民行为研究的影响，并提出了相应的概念模型④。国内郭晓薇等把印象管理动机视为印象管理，在测量上认为两者是同一个概念，并对印象管理策略中的做秀和奉承两个策略进行了研究⑤。但是，按照组织行为学理论，动机先于行为方式，动机并不一定导致行为。如果将印象管理动机等同于印象管理概念，会造成测量上的误差。因此只能认为印象管理动机是印象管理

① D. Organ, *Organizational Citizenship Behavior: the Good Soldier Syndrome.* Lexington: Lexington Books, 1988.

② P. M. Podsakoff and S. B. MacKenzie, Organizational citizenship behaviors and sales unit effectiveness. *Journal of Marketing Research*, Vol. 3, No. 1, 1994, pp. 351－363.

③ P. M. Podsakoff, M. S. B., R. H. Moorman and R. Fetter, Transformational Leader Behaviors and Their Effects of Follower's Trust In Leader, Satisfaction, and Organizational Citizenship Behavior. *Leadership Quarterly*, Vol. 1, 1990, pp. 107－142.

④ M. C. Bolino, Citizenship and impression management: good soldiers or good actors. *Academy of Management Review*, Vol. 24, No. 1, 1999, pp. 82－98.

⑤ 郭晓薇：《企业员工组织公民行为影响因素的研究》，华东师范大学出版社2004年版。

最强劲的预测变量。利里等人在提出的印象管理动机模型中也做出了详细的说明①。

奥根对组织公民行为的概念中认为"组织公民行为从整体上提升了组织绩效",也就是说,组织公民行为并不是直接和组织绩效发生联系的,而是这种行为整合起来才对组织绩效有提升作用。不断的深入研究中,继续发现组织公民行为是个体层次的变量,而组织绩效是群体层次的变量,测量中其实很难将组织公民行为对组织绩效的提升作用测量出来,有的学者对此也提出了质疑②,认为需要仔细分辨组织公民行为是如何提升企业绩效的。研究中出现的上述问题引发了本研究的思考:印象管理中的哪些维度影响到组织公民行为和任务绩效的关系?这些印象管理的维度如何影响两者关系?结果又如何?本研究在国内外研究基础上,探讨印象管理对组织公民行为和任务绩效关系的调节作用。

探讨印象管理对组织公民行为和任务绩效关系的调节作用,首先要探讨支撑研究问题的理论基础。印象管理理论(Impression Management Theory)的前提假设是:个体希望获得积极评价、避免得到他人的消极评价③④。印象管理是试图去影响别人对自己的印象的行为,采取印象管理的动机是希望获得奖赏、避免惩罚⑤。

在第二章相关的文献回顾和印象管理理论基础上,本研究认为印象管理调节了组织公民行为和任务绩效之间的关系。印象管理作为调节变量,改变了组织公民行为和任务绩效的强弱关系。员工的印象管理高

---

① R. L. Leary, Social support and psychological disorder: a review. *Journal of Community Psychology*, Vol. 11, 1983, pp. 3 – 21.

② P. M. Podsakoff and S. B. MacKenzie, Organizational citizenship behaviors and sales unit effectiveness. *Journal of Marketing Research*, Vol. 3, No. 1, 1994, pp. 351 – 363.

③ L. Rosenfeld, T. Anderson, G. Hatcher, J. Roughgardenand Y. Shkedy, Upwelling fronts and barnacle recruitment in central California, *MBARI tech. report*, 1995, pp. 5 – 19.

④ M. C. Bolino, Citizenship and impression management: good soldiers or good actors. *Academy of Management Review*, Vol. 24, No. 1, 1999, pp. 82 – 98.

⑤ Tedeschi, Impression Management and Influence in the Organization. *Research in the Sociology of Organization*, Vol. 3, 1984, pp. 31 – 58.

时，组织公民行为对任务绩效的影响变小；员工的印象管理低时，组织公民行为对任务绩效的影响变大。本研究的研究模型见图 3 – 2。

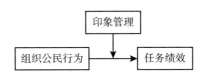

图 3 – 2 印象管理对组织公民行为和任务绩效关系的调节作用

三、利己：印象管理对组织公民行为和好印象的调节作用

对中国大陆的文化和经济制度的研究成果相当广泛①。在对中国组织公民行为的研究中发现，"人际和谐"是区别于西方组织公民行为的维度之一②。这与中国人重视"关系"、重视"融洽"的文化传统不可分割。中国人偏爱人际关系和谐的组织成员，而且会自觉不自觉地将这一行为视为成员在组织中工作生活的必需前提。在中国这种特定的文化背景下，员工表现出的组织公民行为可能是为了给同事特别是主管留下好印象，故意做出超出职责范围要求的行为，而不是出于利他的动机提升组织的效率。因此，员工会不会出于利己动机，为了给主管留下好印象而用精湛的演技故意表演组织公民行为呢？相对"好战士"而言，具有这种行为动机的人被称为"好演员"③。

出于这种印象动机的员工，他们的组织公民行为并不能带来绩效的提升，例如员工表现出更多的组织公民行为是为了逃避本职工作，使得传统上组织公民行为可以提升组织绩效的关系减弱；另外，出于此类动

① A. G. Walder, Organized dependency and cultures of authority in Chinese industry. *Journal of Asian Studies*, 1983, pp. 51 – 76.

② J. L. Farh and B. S. Cheng, The influence of relational demography and guanxi: The Chinese case. *Organization Science*, Vol. 9, 1997, pp. 471 – 488.

③ M. C. Bolino, Citizenship and impression management: good soldiers or good actors. *Academy of Management Review*, Vol. 24, No. 1, 1999, pp. 82 – 98.

机的员工就是为了获取好印象。员工从事为自己创造良好形象的印象管理策略时，这些煞费苦心的行为一定能塑造出好的形象吗？国外的研究成果表明：从事组织公民行为的员工的确可以提升自身在组织中的形象。有文献支持了这一说法：例如，伊士曼认为奉承和组织公民行为表面上看起来非常相似，但是这两种行为会引起上司不同的反应，这取决于上司认为这些行为到底是奉承，还是组织公民行为[①]；沃纳提出主管对表现出组织公民行为的员工会给予更高的业绩评估[②]；博德斯克夫等指出公民行为使主管作出高于客观业绩的评价[③]；福瑞斯特等的研究结果也表明从事组织公民行为的员工更容易被视为是具有奉献精神的员工[④]。这些研究成果为本书的模型提供了理论基础，但是目前对组织公民行为和好印象的关系进行检测的实证研究成果还没有出现，把印象管理因素考虑到组织公民行为和好印象的关系之中的理论分析和实证成果都很缺乏。这进一步为本书的研究提供了良好的契机。

因此，本研究把印象管理作为调节变量，研究印象管理是如何改变组织公民行为和组织绩效、好印象之间关系的强弱和方向。基于以上理论推理，本研究的研究模型见图 3 - 3。

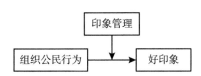

图 3 - 3　印象管理对组织公民行为和好印象关系的调节作用

①　K. K. Eastman, In the eyes of the beholder: An attributional approach to ingratiation and organizational citizenship behavior. *Academy of Management Journal*, Vol. 37, 1994, pp. 1379 - 1391.

②　J. M. Werner, Dimensions that make a difference: Examining the impact of in-role and extra-role behaviors on supervisory ratings. *Journal of Applied Psychology*, Vol. 79, 1994, pp. 98 - 107.

③　P. M. Podsakoff and S. B. MacKenzie, Organizational citizenship behaviors and sales unit effectiveness. *Journal of Marketing Research*, Vol. 3, No. 1, 1994, pp. 351 - 363.

④　G. R. Ferriset al. Subordinate influence and the performance evaluation process: Test of a model. *Organizational behavior and human decision processes*, Vol. 58, No. 11, 1994, pp. 101 - 35.

四、本书的研究框架

本书的研究框架主要探讨三个内容：一是基于社会交换理论，研究支持性人力资源实践对于组织公民行为的激发机制；二是基于印象管理理论，研究印象管理对组织公民行为和任务绩效关系的调节作用；三是基于印象管理理论，研究印象管理对组织公民行为和好印象的调节作用。图3-4是本书的研究框架。

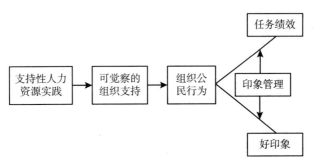

图3-4　本书的研究框架

第二节　研究方法

本书采用理论与实证相结合的研究方法。在实证研究方面主要应用了相关分析、因子分析、方差分析和结构方程模型理论。本节在对国内外文献的进行了综合分析和总结的基础上[1][2]，对本书中涉及数学概念、研究方法的数学原理进行综述，详细见附录D。

---

① K. Kelloway，*SEM*：*Structural Equation Models.* 2003.

② 侯杰泰、成子娟：《结构方程模型的应用及分析策略》，载《心理学探新》1999年第1期。

第四章

人力资源管理实践对组织
公民行为的激发机制

本书的研究内容之一是对人力资源管理实践对组织公民行为的激发机制研究。第四章从企业获取一手调研数据，利用结构方程模型的方法实证检验第三章提出的基于人力资源管理视角的组织公民行为激发机制模型。

第一节　研　究　假　设

一、支持性人力资源实践与组织公民行为

近年来如何激发、培育和管理企业员工的组织公民行为引起了国内外学者的广泛兴趣。有效管理这种超越工作职责要求的行为，与人力资源管理实践、企业战略、组织文化、管理者决策价值取向等方面的配合有关。人力资源管理实践对员工组织公民行为的诱发以及组织公民行为

对人力资源管理实践的影响是有效激发组织公民行为的重要方式之一[1]（Podsakoff et al.，2000）。

1986 年伊桑尼格等人首先提出了支持性人力资源实践（Supportive Human Resource Practice）的概念[2]。随着深入研究，不同学者对支持性人力资源实践的概念产生了不同的理解[3][4][5]（Wayne et al.，1997；John & Catherine，2000；Allen et al.，2003）。从划分方式上看，已有的一些研究认为职业发展和培训、员工参与、奖赏公平和成长机会是支持性人力资源实践的重要内容。艾伦等认为支持性人力资源实践是组织向员工投资并认可员工贡献的一类实践，它能促进人力资源的紧密合作。他们不仅提出了支持性人力资源实践的划分方式，而且还借助实证研究验证了这种划分的合理性。因此，在本书中我们遵循艾伦等的做法，从组织投资和对员工贡献的认可的角度来界定支持性人力资源实践，并将其界定为员工参与、奖惩公平和成长与培训三种实践。支持性人力资源实践能有效促进人力资源的密切合作，衡量这种人际间是否能产生紧密合作的绩效之一就是组织公民行为。因此，基于社会交换理论，如果企业在日常的人力资源管理实践中对人力资源进行投资并且认可员工的贡献，作为回报，员工会表现出有利于实现组织目标和提升组织绩效的组织公民行为。此外，国外在组织公民行为和人力资源管理交叉的研究

① P. M. Podsakoff and S. B. MacKenzie, Organizational citizenship behaviors and sales unit ef-fectiveness. Journal of Marketing Research, Vol. 3, No. 1, 1994, pp. 351 – 363.

② Eisenberger, Stenven, Sowa, Debora, Robert, Huntington and Robin, Perceived organi-zational support. Journal of Applied Psychology, Vol. 71, No. 3, 1986, pp. 500 – 508.

③ S. J. Wayne, L. M. Shore and R. C. Liden, Perceived organizational support and leader-mem-ber exchange: A social exchange perspective. Academy of Management Journal, Vol. 40, 1997, pp. 82 – 111.

④ Allen and R. M. C., The effects of organizational citizenship behavior on performance judg-ments: A field study and a laboratory experiment. Journal of Applied Psychology, Vol. 83, 1998, pp. 247 – 260.

⑤ P. M. John and C. A. Smith, HRM practices and organizational commitment: Test of a media-tion mode. Canadian Journal of Administrative Sciences, Vol. 17, No. 4, 2000, pp. 319 – 331.

领域中，已经出现了具有学术价值的成果①②③（Borman et al.，1993；Podsakoff et al.，1997；Murphy et al.，1997）。这样，提出第一个假设：

假设 1：支持性人力资源实践与员工的组织公民行为成正相关关系。

二、支持性人力资源实践和可觉察的组织支持

按照 1986 年伊桑尼格等人的定义，可觉察的组织支持（Perceived Organizational Support）是员工对组织如何评价他们的贡献和关心他们生活的政策的看法。从组织支持理论出发，支持性人力资源实践是组织对员工的支持和投资行为，这种行为认为员工是企业最宝贵的资源之一，从战略的高度认可员工的付出和努力。尽管组织对员工提供的支持并不是总能被员工感知到，可觉察的组织支持与一般意义上的组织支持不是同一个概念，但是文献表明组织对员工的投资行为与可觉察的组织支持存在正相关关系。因此，组织采取的支持性人力资源实践越多，员工感受到的组织支持也就越多。基于以上认识，第二个假设是：

假设 2：支持性人力资源实践与员工可觉察的组织支持成正相关关系。

三、可觉察的组织支持与组织公民行为

正如贝特曼和奥格（1983）在探讨工作满意感和组织公民行为的关系时所指出的，在某种程度上，员工的满意感来源于管理者的努力，

---

① W. C. Borman and M. S. J. , *Expanding the criterion domain to include elements of contextual performance.* San Francisco：Jossey – Bass，1993.

② P. M. Podsakoff，M. Ahearne and S. B. MacKenzie，Organizational Citizenship Behavior and the Quantity and Quality of Work Group Performance. *Journal of AppliedPsychology*，Vol. 82，No. 2，1997，pp. 262 – 27.

③ K. R. Murphy and A. H. Shiarella，Implications of the multidimensional nature of job performance for the validity of selection tests：Multivariate frameworks for studying test validity. *Personnel Psychology*，Vol. 50，1997，pp. 823 – 854.

当这种努力被员工觉察到后，员工就会投桃报李，对管理者的努力有所回报。由于员工可能缺乏能力或机会表现出更多的工作业绩，往往以其能控制的各种公民行为来回报组织的努力。因此，后来的学者普遍认为，员工越是感觉到组织的支持，他们与组织的感情纽带越牢靠，他们也就越能够履行对组织的义务，员工通过完成工作职责来换取报酬和福利以及总体上的一种可觉察的组织支持（Perceived Organizational Support），可觉察的组织支持是员工根据组织对自己的重视贡献程度和对自己的福利的关心程度，是对组织的一种感知。伊桑尼格（1986）认为很高的组织支持认知会使员工形成回报组织的强烈的义务感①。如果员工认为组织支持大于自己的工作投入时，会产生一种积极的态度，希望通过增强工作的绩效来回报组织，如采取组织公民行为。

伊桑尼格和他的同事曾经指出，可觉察的组织支持不仅和员工缺勤有关，还和员工的责任及创新密切相关②。员工的责任感与组织公民行为中的责任维度存在一定联系。博德斯克夫等人系统概括了影响组织公民行为的前因变量，其中可觉察的组织支持被认为是重要的前因变量之一。其后，也不断有学者将可觉察的组织支持作为影响组织公民行为的前因变量进行研究③④。由于可觉察的组织支持能够激发员工对组织认可的感知，组织提供的高福利和成长机会促使员工做出回报行为，因而高水平的可觉察的组织支持不仅可以使员工产生责任感，而且为了回报

---

① Eisenberger, Stenven, Sowa, Debora, Robert, Huntington and Robin, Perceived organizational support. *Journal of Applied Psychology*, Vol. 71, No. 3, 1986, pp. 500 – 508.

② R. Eisenberger, P. Fasolo, and V. DavisLaMastro, Perceived organizational support and employee diligence, commitment, and innovation. *Journal of Applied Psychology*, Vol. 75, 1990, pp. 51 – 59.

③ R. H. Moorman, Relationship between organizational justice and organizational citizenship behaviors: Do fairness perceptions influence employee citizenship? . *Journal of Applied Psychology*, Vol. 76, 1991, pp. 845 – 855.

④ X. Chen, Z. X. and D. Sego, Beyond organizational commitment: The effect of loyalty to supervisor and perceived social norm on employee organizational citizenship and turnover. International Association of Chinese Management Research Conference Proceedings, 2004.

组织对自己的承诺，员工还会采取自觉自愿的组织公民行为。在此基础上，提出第三个假设：

假设3：可觉察的组织支持与员工的组织公民行为成正相关关系。

四、可觉察的组织支持的中间作用

本书之所以认为支持性人力资源实践通过可觉察的组织支持影响组织公民行为，是因为基于社会交换理论，企业和员工之间的关系是一种社会交换关系。当企业采取支持性人力资源实践越多时，员工觉察到的组织支持也会越多。为了回报组织的认可，员工主动表现出友好合作的态度和超出职责要求的行为也就越多，即员工从事的组织公民行为越多。因此，通过可觉察的组织支持这个中间变量，支持性人力资源实践可以影响员工的组织公民行为。综上所述，建立第四个假设：

假设4：可觉察的组织支持在支持性人力资源实践与员工的组织公民行为的关系中起中间作用。

第二节　数据描述

一、样本

为了获得客观的调查数据，本研究在每个企业中都从多个方面收集数据，明确要求人力资源管理实践的问题由企业中的人力资源主管回答。虽然巴里等质疑来源于单一反应的人力资源实践的检测①，但是休

---

① G. Barry, P. M. Wright, G. C. McMahan and S. A. Snell, Measurement error in reserach on human resources and firm performance: How much error is there and how does it influence effect size estimates? *Personnel Psychology*, Vol. 53, No. 4, 2000, pp. 803 – 835.

塞里德等则认为在许多情况下，人力资源部门经理一人填写问卷是最好的，这样可以确保他们提供完整的人力资源实践信息，这类信息往往会涉及多种工作[1]。可觉察的组织支持和组织公民行为的问卷由员工填写。

本研究有关数据是从上海、江苏和广东三地企业收集获取的，共发放调查问卷800套，其中国有企业发放600套，外（合）资企业发放200套。回收问卷464套，回收率为58.0%。其中，国有企业345套，回收率为57.5%，外（合）资企业119套，回收率为59.5%。样本企业的基本情况见表4－1。样本员工的基本情况见表4－2。

表4－1 　　　　　　　　　　**样本企业的基本情况**

		样本企业数目	占样本总数百分比
行业分布	电子	57	12.3
	家具	23	4.9
	服装纺织	34	7.4
	机械	45	9.8
	化工医药	76	16.4
	其他	228	49.2
企业性质	国有企业	277	48.9
	集体企业	68	14.7
	中外合资企业	119	25.6
规模分布	100人以下（含100）	141	30.3
	101～500人	206	44.3
	501～2000人	107	23.0
	2000人以上	11	2.4

---

　① M. Huselid and B. Becker, Comment on measurement error in research on human resources and firm performance: How much error is there and how does it influence effect size estimates? *Personnel Psychology*, Vol. 53, 2000, pp. 835 – 854.

表 4 - 2　　　　　　　　　　　样本员工的基本情况

		样本员工数目	占样本总数百分比
性别	男	266	57.3
	女	198	42.7
年龄	25 ~ 40 岁	230	49.5
	41 ~ 55 岁	166	35.8
	55 岁以上	68	14.7
从业时间	1 ~ 5 年	189	40.7
	6 ~ 10 年	167	40.0
	11 年以上	108	19.3

二、变量测量

(一) 量表说明

量表的编制是一项极富挑战性的工作，挑战性来源于两个方面：一方面，量表的编制涉及的知识面比较广泛，例如统计学、测量学基础知识，还包括对象的专门知识；另一方面，量表有效地测量企业员工的态度和行为具有良好的信度和效度。

量表编制之前，首先可以寻找现存的合适量表（罗伯特，2005）[①]。例如心理测量年鉴可以作为评估的工具（Devellis et al.，2001）[②]。借鉴他们的做法，我们在调查中需要确定每个条目的意思，并且使测量对象理解提问的目的。在调查中，我们采取了一些方法，例如简单询问调查对象，这个问题的意思是什么，或在小型测验中要求被试者在回答一个问题的答案时大声报告他们的思考过程，实践证明这些工作对于调查者

---

① 罗伯特·F. 德威利斯文：《量表编制：理论与应用技术》，重庆大学出版社 2005 年版。

② R. F. DeVellis, Self-efficacy and health. *Handbook of Health Psychology*. Mahwah：Lawrence Erlbaum, 2001.

理解测量的目的是非常重要的。

另外，数据收集中，为了尽可能减少调查对象对于测量概念认识上的差异，本研究特别在调查问卷中用简洁的语言对基本概念作出解释。廷斯利主张每个条目有 5～10 个被试比例比较好[①]。因此，在本研究中我们采用条目和被试人 1:10 的比例进行测量。

(二) 变量测量的工具

(1) 自变量：支持性人力资源实践。本书采用艾伦等支持性人力资源实践量表[②]。量表包括员工参与、奖惩公平和成长与培训三个维度，包括 "为员工提供了广泛的培训计划"、"上级与员工之间保持公开的交流" 等条目。该量表拟合程度较好 ($\chi^2 = 87.15$，$df = 12$，CFI = 0.94)，三个维度的 Cronbach α 系数分别是 0.84、0.82、0.73。

(2) 中间变量：可觉察的组织支持。本书采用可觉察的组织支持的简化量表 (Shortened version of the Survey of Perceived Organizational Support，简称 SPOS) (Eisenberger et al.，1986，1990)[③]。这种 SPOS 量表也曾经在其他研究 (Eisenberger et al.，1990；Allen et al.，2003) 中使用过。量表包括 "公司不会忽略我的抱怨" 等条目。该量表的拟合程度较好 ($\chi^2 = 97.65$，$df = 9$，CFI = 0.86)，Cronbach α 系数是 0.93。

(3) 因变量：组织公民行为。此量表为博德斯克夫等 (1997) 根据奥根 (1988) 和麦肯齐等 (1991)、博德斯克夫等 (1990) 的实证研

① H. E. A. Tinsley, Uses of factor analysisi in counseling psychology research. *Journal of Counseling Psychology*, Vol. 34, 1987, pp. 414 – 424.

② T. D. Allen and R. M. C., The effects of organizational citizenship behavior on performance judgments: A field study and a laboratory experiment. *Journal of Applied Psychology*, Vol. 83, 1998, pp. 247 – 260.

③ Eisenberger, Stenven, Sowa, Debora, Robert, Huntington and Robin, Perceived organizational support. *Journal of Applied Psychology*, Vol. 71, No. 3, 1986, pp. 500 – 508.

究发展而来的[1][2][3][4]。在该研究中，利他行为的 Cronbach's 系数为 0.95，运动员精神的 Cronbach's 系数为 0.88，公民道德的 Cronbach's 系数为 0.96。本量表一共 17 个条目，例如"我会参加公司的会议"、"我帮助同时解决与工作有关的问题"等。该量表拟合程度较好（$\chi^2 = 75.49$，$df = 10$，CFI = 0.97），三个维度的 Cronbach α 系数分别是 0.84、0.81、0.79。

（三）概念测量

我们运用 464 套样本数据进行数据分析，主要分析软件是 LISREL 8.7 标准版。本书采用两步骤分析法来检验提出的假设[5][6]。首先将 464 套样本数据随机均匀分成两个部分：第一部分 232 套样本数据运用探索性因子分析方法检验支持性人力资源实践、可觉察的组织支持和组织公民行为三个变量之间的区分效度；第二部分 232 套样本数据用于各个概念的验证性因子分析。之后，总体 464 套样本采取模型比较方法评价结构模型，用于研究假设的验证。

1. 探索性因子分析（Exploratory Factor Analysis）：第一半样本数据

（1）支持性人力资源实践。支持性人力资源实践量表的各条目的

① P. M. Podsakoff, S. B. MacKenzieand C. Hui, Organizational citizenship behavior and managerial evaluations of employee performance: Areview and suggestions for furture research. In G. R. Frerris (Ed.), *Research in personnel and human resource management*. JAI Press, 1993, pp. 1 – 40.

② D. Organ. *Organizational Citizenship Behavior: Good Soldier Syndrome*. Lexington: Lexington Books, 1988.

③ S. B. MacKenzie, P. M. Padsokoff and R. Fetter, Organizational citizenship behavior and objective productivity as determinants of managerialevaluations of salespersons'performance. *Organizational Behavior and Human Decision Processes*, Vol. 50, 1991, pp. 123 – 150.

④ P. M. Podsakoff, M. S. B., R. H. Moorman and R. Fetter, Transformational Leader Behaviors and Their Effects of Follower's Trust In Leader, Satisfaction, and Organizational Citizenship Behavior. *Leadership Quarterly*, Vol. 1, 1990, pp. 107 – 142.

⑤ H. Wang, K. S. Law, R. D. Hackett, D. Wang and Z. Chen, Leader – Member Exchange as a Mediator of the Relationship between Transformational Leadership and Follower's Performance and Organizational Citizenship Behavior. *Academy of Management Journal*, Vol. 48, No. 3, 2005, pp. 420 – 432.

⑥ 贾良定等：《变革型领导、员工的组织信任与组织承诺》，载《东南大学学报》2006年第 6 期。

MSA（Measures of Sampling Adequacy，取样合适性测度）均大于 0.8，总体 MSA 为 0.84，总体 Bartlett 球形检验 χ^2 值为 1271.89（$df = 153$，$p < 0.01$），并且 14 个条目均在 0.01 上显著相关，因此满足因子分析的条件。三因子模型解释总方差的 58.1%，结果如表 4 – 3 所示。

表 4 – 3　　　　　支持性人力资源实践的探索性因子分析结果

	因子 1	因子 2	因子 3
因子 1：绩效公平			
每位员工皆有绩效目标	0.749		
每位员工至少每年接受一次绩效评估	0.731		
绩效评估基于客观的、可量化的效果之上	0.727		
每位员工根据其个人表现支付工资	0.642		
根据小组或部门的绩效支付工资	0.594		
绩效评估时考虑下级的看法	0.540		
因子 2：员工参与			
上级经常要求员工参与决策		0.812	
上级与员工之间保持公开的交流		0.731	
允许员工作出多项决策		0.711	
员工有机会提出有关改进的合理建议		0.666	
因子 3：成长与培训			
员工每隔几年即可接受正常的培训计划		0.757	
为员工提供了广泛的培训计划			0.714
为新进员工提供了正式的培训项目以教会他们从事该工作所必需的技术			0.692
为员工提供正规的培训项目以提高他们被提升的可能性			0.669

注：主成分分析法，表中数字为 Varimax 旋转后因子负荷。

（2）可觉察的组织支持。基于 SPOS 量表的 9 个条目，我们将其修正为 5 个条目的量表。量表的各条目的 MSA 均大于 0.8，总体 MSA 为 0.83，总体 Bartlett 球形检验 χ^2 值为 632.91，并且 5 个条目均在 0.01 上显著相关，因此满足因子分析的条件。一因子模型解释总方差的 52.7%，结果如表 4 – 4 所示。

表4-4　　　　　　　可觉察的组织支持的探索性因子分析结果

可觉察的组织支持	因子1
公司不会忽略我的抱怨	0.801
当制定决策时公司会考虑到我兴趣	0.796
公司关心我的福利	0.759
公司注意到我的意见	0.742
当我遇到问题时，我能从公司获得帮助	0.701

注：主成分分析法，表中数字为Varimax旋转后因子负荷。

（3）组织公民行为。组织公民行为量表的各条目的MSA均大于0.8，总体MSA为0.86，总体Bartlett球形检验χ^2值为756.38，并且11个条目均在0.01上显著相关，因此满足因子分析的条件。三因子模型解释总方差的57.2%，结果如表4-5所示。

表4-5　　　　　　　组织公民行为的探索性因子分析结果

	因子1	因子2	因子3
因子1：助人行为			
我在工作中，注意与同事合作和沟通	0.801		
需要帮助时，我能替同事承担工作任务	0.796		
即使无人监督，我也能遵守企业准则和程序	0.759		
我努力自学提高工作质量	0.757		
我帮助同事解决与工作有关的问题	0.753		
我对待工作认真很少出错	0.757		
我帮助新员工适应工作环境	0.714		
我不介意承担新的具有挑战性的任务	0.701		
因子2：运动员精神			
我不会用职位之便追逐个人所得		0.839	
我不会经常在领导和同事背后说坏话		0.813	
我不会使用小伎俩改善人际关系		0.808	
我用信誉赢得人际和谐		0.773	
因子3：公民道德			
我会参加企业的会议			0.804
我会提出建设性的意见改善企业的运作			0.731
我会保护企业声誉			0.721

注：主成分分析法，表中数字为Varimax旋转后因子负荷。

2. 验证性因子分析（Confirmatory Factor Analysis）：第二半样本数据

（1）支持性人力资源实践。支持性人力资源实践的三因子结构能较好地拟合样本数据（$\chi^2 = 87.15$，$df = 12$，GFI = 0.92，RMSEA = 0.09，CFI = 0.94，TLI = 0.91），绩效公平、员工参与和成长与培训这三个因子的信度分别为0.79、0.76、0.75；方差析出估计（Variance – Extracted Estimate）分别为0.48、0.46、0.45）。

（2）可觉察的组织支持。一因子结构对数据拟合程度较好（$\chi^2 = 97.65$，$df = 9$，GFI = 0.97，RMSEA = 0.089，CFI = 0.86，TLI = 0.92，可觉察的组织支持的信度为0.89，方差析出估计为0.57）。

（3）组织公民行为。组织公民行为的三因子结构能较好地拟合程度数据（$\chi^2 = 75.49$，$df = 10$，GFI = 0.97，RMSEA = 0.070，CFI = 0.97，TLI = 0.96，组织公民行为的信度为0.90，方差析出估计分别为0.52）。

上述指标值表明各概念的验证性因子分析的各项指标均符合最基本的要求（Hair et al. , 1998；Kelloway, 1998）[1][2]，进行下一步的各概念间的关系分析是可行的。

第三节　实证分析

本书利用结构方程模型软件 LISREL8.7 标准版，对 464 套样本数据进行数据分析。本书采取两步骤分析法来检验提出的假设。在第一步分析中，运用验证性因子分析检验支持性人力资源实践、可觉察的组织支持和组织公民行为三个变量之间的区分效度。第二步分析中，采取模型

---

[1]　J. F. Hair, R. E. Anderson, R. L. Tatham and W. C. Black, *Multivariate Data Analysis* (5th ed.). NJ：Prentice – Hall, Inc. , 1998.

[2]　K. Kelloway, LISREL for Structural Equation Modeling：A Researcher's Guide. Thousand Oaks：Sage Publications, 1998.

比较方法评价结构模型，检验本书的假设。

一、变量区分效度的验证性检验

首先，把可觉察的组织支持变量的条目随机分成两部分，把每部分看作一个因子。其次，把支持性人力资源实践、可觉察的组织支持和组织公民行为各因子作为显示条目，进行验证性因子分析。

表 4 – 6 表明支持性人力资源实践、可觉察的组织支持和组织公民行为是三个不同的概念，具有良好的区分效度。三个变量的信度分别为 0.82、0.84、0.92；方差析出估计分别为 0.78、0.79、0.74。因此，下一步的结构模型分析具有可行性。

表 4 – 6　　　　　　　　　　概念区分性的验证性因子分析结果

模型	所含因子	X^2	df	$\Delta\chi^2$	GFI	RMSEA	CFI	TLI
Null model		3379.84	55					
基本模型	三个因子：SHRP；POS；OCB	584	41		0.98	0.027	0.89	0.96
模型 1	两个因子：SHRP；POS + OCB	686	43	102 **	0.86	0.18	0.88	0.88
模型 2	两个因子：SHRP + POS；OCB	631	43	47 **	0.85	0.17	0.88	0.87
模型 3	两个因子：SHRP + OCB；POS	633	43	49 **	0.87	0.17	0.87	0.88
模型 4	一个因子：SHRP + POS + OCB	786	44	202 **	0.82	0.18	0.86	0.78

注：SHRP 表示支持性人力资源实践；POS 表示可觉察的组织支持；OCB 表示组织公民行为。"＋"表示两个因子合并成一个因子。** 表示 $p < 0.01$；$n = 464$。

二、结构模型与假设检验

表 4 – 7 给出了三个变量的均值、标准差和相关系数。支持性人力资源实践与可觉察的组织支持显著正相关（$r = 0.407$，$p < 0.01$）；与组织公民行为也显著正相关（$r = 0.418$，$p < 0.01$）。可觉察的组织支持和组织公民行为显著正相关（$r = 0.71$，$p < 0.01$）。因此，假设 1、假设 2、假设 3 成立。

表 4 - 7　　　　　　　　　　**三个变量的均值、标准差和相关系数**

变量	均值	标准差	1	2	3
1. 支持性人力资源实践	0.42	0.58	(0.82)		
2. 可觉察的组织支持	0.67	1.1	0.407 **	(0.84)	
3. 组织公民行为	0.31	0.86	0.418 **	0.71 **	(0.92) **

注：** 表示 $p < 0.01$；$n = 464$。对角线上括号内为信度系数。

按照巴伦和肯尼（1986）所建议的方法，可觉察的组织支持在支持性人力资源实践和员工组织公民行为关系中起完全中间作用（Full Mediation）必须满足四个条件[①]：（1）支持性人力资源实践与可觉察的组织支持必须显著相关；（2）支持性人力资源实践与员工的组织公民行为必须显著相关；（3）可觉察的组织支持和员工组织公民行为必须显著相关；（4）当可觉察的组织支持进入支持性人力资源实践和员工组织公民行为的关系分析中时，支持性人力资源实践和员工组织公民行为的关系消失。如果当可觉察的组织支持进入支持性人力资源实践和员工组织公民行为的关系分析中，支持性人力资源实践和员工组织公民行为依然显著相关，但关系显著地减弱，则称可觉察的组织支持在支持性人力资源实践和员工组织公民行为关系中起部分中间作用（partial mediation）。

表 4 - 8 的四个结构模型是嵌套关系（nested models）。模型 3、模型 4 和模型 5 说明，可觉察的组织支持不是支持性人力资源实践和组织公民行为关系的中间变量。从数据拟合指标来看，模型 3、模型 4 和模型 5 对数据的拟合不好，因此，拒绝接受模型 3、模型 4 和模型 5。模型 1 和模型 2 说明，可觉察的组织支持是支持性人力资源实践和组织公民行为关系的中间变量。不同之处在于：模型 1 表达的是部分中间作

① R. M. Baron and D. A. Kenny, The moderator-mediator variable distinction in social psychological research: conceptual, strategic, and social considerations. *Journal of Personality and Social Psychology*, Vol. 51, 1986, pp. 1173 - 1182.

用，而模型 2 表达的是完全中间作用。虽然模型 1 和模型 2 对数据的拟合很好，但从 $\Delta\chi^2$ 来看，两模型在 0.01 水平上是显著差异的。因此我们接受 χ^2 更小的模型，即接受模型 1，认为可觉察的组织支持是支持性人力资源实践和组织公民行为关系的中间变量，在上述关系中起部分中间作用。

表 4-8　　　　　　　　　　结构方程模型间的比较

结构模型	χ^2	df	$\Delta\chi^2$	GFI	RMSEA	CFI	PNFI
1. 部分中间作用模型：SHRP→POS→OCB 和 SHRP→OCB	609	41		0.95	0.027	0.86	0.61
2. 完全中间作用模型：SHRP→POS→OCB	632	42	23**	0.90	0.039	0.82	0.62
3. 无中间作用的模型：SHRP→POS 和 SHRP→OCB	695	42	86**	0.92	0.15	0.83	0.63
4. 无中间作用的模型：SHRP→OCB 和 POS→OCB	695	42	86**	0.81	0.19	0.83	0.63
5. 无中间作用的模型：POS→OCB	759	43	150***	0.78	0.28	0.47	0.37

　　注：SHRP 表示支持性人力资源实践；POS 表示可觉察的组织支持；OCB 表示组织公民行为。** 表示 $p < 0.01$，*** 表示 $p < 0.001$。

　　进一步比较支持性人力资源实践与组织公民行为之间关系的变化。在模型 5 中，完全不考虑可觉察的组织支持的作用，仅考虑支持性人力资源实践与组织公民行为的关系，两者关系系数是 0.54（$t = 14.00$，$p < 0.01$）。在模型 1 中，增加考虑可觉察的组织支持的中间作用，支持性人力资源实践与组织公民行为的关系系数减小为 0.15（$t = 3.50$，$p < 0.01$）。比较两模型，支持性人力资源实践与组织公民行为的关系系数减小了 0.39，T 值变化了 10.50（$df = 695$，$p < 0.01$），因此系数显著减弱。说明可觉察的组织支持在支持性人力资源实践和组织公民行为中起到显著的部分中间作用。

　　图 4-1 可觉察的组织支持的部分中间作用的结构模型给出各变量

间的标准化系数，由此可知，支持性人力资源实践对员工的组织公民行为的影响是显著的（$\beta = 0.15$，$p < 0.01$），对可觉察的组织支持的影响是显著的（$\beta = 0.62$，$p < 0.01$）；同时可觉察的组织支持对员工的组织公民行为的影响也是显著的（$\beta = 0.73$，$p < 0.01$）。

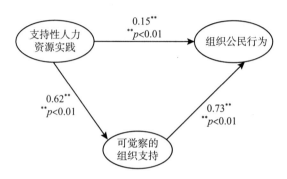

图 4 – 1 可觉察的组织支持的部分中间作用的结构模型

第四节 本 章 小 节

本章研究结果表明，支持性人力资源实践和组织公民行为之间存在显著的正相关关系，并且可觉察的组织支持起到部分中间作用。支持性人力资源实践承认员工贡献，强调员工参与，实施对员工价值的公平报偿、展开对员工人力资本投资、给予员工发展提升的机会，这些措施促进员工感知到更多的组织支持，使得员工在工作过程中与其他成员交流和沟通，了解并接受组织的目标与使命。同时也正是因为组织开展支持性人力资源实践，鼓励参与、公平报酬、不断推进员工发展，也将激发员工回报组织，对组织产生更多的责任和义务感，从事更多的组织公民行为。

因此，实践中企业的人力资源管理措施需要注重承认员工价值，对员工进行投资，在工作中认可每一个员工做出的贡献。通过采用这些人力资源管理实践让员工真切地觉察到组织对员工的重视，激发员工去表现组织公民行为。这也会产生激励作用和示范效应，从而引导越来越多的员工表现组织公民行为，帮助企业提升绩效和实现组织目标。在西方文献中，从未发现过组织公民行为的这一维度。

第五章

利他：印象管理对组织公民
行为和任务绩效的调节

本章根据第三章提出的研究框架进行实证检验。以往的文献表明，组织公民行为能够提升员工的任务绩效，也就是如果员工发自内心地从事组织公民行为，我们把具有这样动机的员工认为是组织的"好战士"。但是，如果员工故意表演出组织公民行为，员工的任务绩效会受到损害吗？本章在印象管理的理论基础上，探讨员工从事的组织公民行为对员工的任务绩效的影响如何；一旦把印象管理纳入组织公民行为的研究框架中，任务绩效会改变吗？如果会改变，到底如何变化？结果又如何呢？这些问题是本章探讨的重点问题。本章通过企业问卷调查，实证检验第三章提出的理论模型。

第一节 研 究 假 设

一、组织公民行为和任务绩效

博德斯克夫等（1997）的研究中提出，过去已经发现大约30种形式不完全相同的组织公民行为，但是这些维度很大程度上存在重合。例如，奥根（1988，1990）提出的组织公民行为有利他行为、礼节、领导喝彩、维护和平、运动员精神、公民道德、责任心等维度。然而博德斯克夫等（1994）的研究结果发现，测量中主管事实上无法分辨出组织公民行为的众多维度，结果是主管把利他行为、礼节、领导喝彩、维护和平这些维度纳入到一起，统称为助人行为。

樊景立等（2004）通过研究大陆和台湾的组织公民行为，划分出10个维度。此项研究是中国本土化的组织公民行为维度研究，对我国情景下的组织公民行为研究具有重要意义。尽管如此，国内组织公民行为的研究使用该量表进行的实证检验的成果还比较少，未来的研究中还需要更多的工作增强这种维度划分的可信度和有效性。另外，10个维度的划分使得组织公民行为测量条目繁多，实际测量中由于人力、物力和财力的限制具有一定的操作难度。

鉴于以上原因，本研究中采用的是博德斯克夫等（1997）的助人行为、运动员精神和公民道德三个维度的组织公民行为划分。博德斯克夫等（2000）在对组织公民行为的文献综述中对1997年的三个维度的定义做了有益的补充。这种三个维度的划分方式台湾学者苏文郁（2005）也曾经使用过[①]，得到了较好的研究效果。助人行为包含了奥根（1988）提出的组织公民行为利他行为、礼节、领导喝彩、维护和平、责任心等维度[②]。运动员精神和奥根（1997）对运动员精神的界定一致。但是博德斯克夫等（2000）认为奥根最初的研究中对运动员精神的定义过于狭窄，他们认为运动员精神，不仅是在给他人带来不便时不抱怨，而且还包括如果事情不像预期一般顺利时，仍然能保持积极的态度去面对。另外，如果他人不接受自我的建议时，不会因此生气；个体可以为了团队的利益牺牲自己的利益。助人行为、公民道德和运动

[①] 苏文郁：《人格特质、印象管理与组织公民行为关系之探讨》，台湾国立中山大学2005年版。

[②] D. Organ, *Organizational Citizenship Behavior: the Good Soldier Syndrome.* Lexington: Lexington Books, 1988.

员精神是情景活动，鲍曼等（1993）就提出这些任务活动（task activities）的完成具有促进作用，这些活动营造了一个良好的心理和社会环境，从而有利于组织整体任务的完成①。

自从奥根（1988）提出组织公民行为总体上可以提升组织绩效以来，不断有学者通过理论分析和实证研究来检验以上关系（Organ & Konovsky，1989；Podsakoff et al.，1990；1997）。近20年的研究表明，组织公民行为之所以能改善组织业绩，关键在于：它充当了组织运行的润滑剂，减少了组织部件运行时的摩擦，促进了组织效率的提高。组织公民行为对组织绩效的提升主要表现在三个方面：第一，组织公民行为是一种自愿合作行为，能自觉维护整个组织的正常运行；第二，营造和谐友好的工作氛围和环境，协调员工之间的活动，促进工作效率的提高；第三，增强组织吸引和留住优秀人才的能力，提高培训效率，节约培训成本和招聘费用。国内研究者对以上研究成果和结论也有所介绍（龙静，2000；徐长江等，2004；武欣等，2005）。

奥根在组织公民行为的概念中认为"组织公民行为从整体上提升了组织绩效"，也就是说，组织公民行为并不是直接和组织绩效发生联系的，而是这种行为整合起来才对组织绩效有提升作用。实际上，奥根在1988年提出组织公民行为概念以来，组织公民行为始终被看作个体行为，几乎所有的研究都认为组织公民行为是个体层次的变量，围绕个体态度等变量进行研究。也正是由于组织公民行为是个体层次的变量，组织绩效是群体层次的变量，测量中很难将组织公民行为对组织绩效的提升作用测量出来，也有学者对此提出了质疑（Podsakoff et al.，2000），认为需要仔细分辨组织公民行为到底是如何提升企业绩效的。如果说员工的组织公民行为影响到绩效，首先是对个人绩效的影响，因此组织公民行为对于组织绩效的提升是间接的，是通过整合个人绩效的改善而提

---

① W. C. Borman and M. S. J. , *Expanding the criterion domain to include elements of contextual performance.* San Francisco：Jossey - Bass，1993.

升组织绩效的。对个人绩效的发展和测量国外已经比较成熟，通常是用与工作密切相关的任务绩效的改善来表征个人绩效的提升（Tsui，1997）[①]。任务活动的完成主要依靠任务绩效来衡量。任务绩效是指与完成工作直接相关的绩效。研究组织公民行为和任务绩效的关系也得到了其他学者的呼吁（Podsakoff et al.，2000）。基于上述认识，提出假设：

假设1：员工的助人行为对任务绩效有积极影响。

假设2：员工的运动员精神对任务绩效有积极影响。

假设3：员工的公民道德对任务绩效有积极影响。

二、印象管理对组织公民行为和任务绩效关系的调节效应

印象管理是指人们影响他人对自己形象认知的过程（Rosenfeld，Gaiacalone and Riordan，1995）[②]。按照琼斯等（1982）对印象管理的五个维度划分，分别是：奉承、自我推销、做秀、示弱和威慑[③]。奉承指个体通过献媚或帮助目标观众，从而使得他们对自我的好感增加。自我推销指个体向目标观众展现自身的能力和成就，让目标观众认为他们是很有竞争力的。做秀是指个体自我牺牲或者做出超越自己工作范围的事情，让目标观众认为自我具有奉献精神。示弱是指个体散布消息让目标观众知道自己的弱点，从而让目标观众认为自己需要帮助。威慑指个体通过制造自己是个危险人物的印象，展现控制人际关系的力量。本研究认为组织公民行为是一种积极的自我行为，是超出职责要求主动采取的

---

① A. TSui，J. L. Pearce，L. W. Porte and A. M. Tl-ipoli，Alternative approaches to the employeeorganization relationship: Does investment in employees pay off?. *Academy of Management Journal*，Vol. 40，1997，pp. 1089 – 1121.

② L. Rosenfeld，T. Anderson，G. Hatcher，J. Roughgardenand Y. Shkedy，Upwelling fronts and barnacle recruitment in central California，*MBARI tech. report*，1995，pp. 5 – 19.

③ E. E. Jones and T. S. Pittman，Toward a general theory of strategic self-presentation. *Psychological perspectives on the self*. New Jersey: Erlabaum，1982，pp. 231 – 263.

行为，这种积极主动的行为目的是获取他人对自我的正面评价。具体来说，有的员工采取奉承行为，私下帮助主管处理与工作无关的事务，会议中对主管的意见高声附和，博得主管的欢心和认同；有的员工采取自我推销行为，在工作中尽量表现出专业的一面，对公司的发展提出建议让主管认为自己不可或缺或不可多得；有的员工采取做秀行为，比主管提前上班和推迟下班，每天主动打扫卫生，在晋升机会到来之前更加努力工作，获得主管的积极评价；有的员工采取示弱行为，故意表现出弱者姿态，获得同事工作上的帮助，减轻自己的工作任务或逃避不擅长和厌恶的工作。

考虑到印象管理动机后，为什么组织公民行为对任务绩效的关系会发生变化？主要原因在于：如果员工带有印象管理，就不可能把全部注意力投入到工作中去，付出的努力就会打折。他们把更多的精力放在表面行为和影响他人对自我评价的行为上，提升组织业绩不再是从事组织公民行为的真正目的，这种情况会给组织带来不信任的气氛和组织公民行为的攀比。因此当员工关心的是如何给他人留下好印象，就很有可能损害到企业绩效。同等情况下，表现出同样组织公民行为的员工，出于为组织做出贡献动机的员工就可能比出于印象管理动机的员工为组织和成员做出更多的贡献。鉴于以上认识，提出以下假设：

假设4：奉承可以调节助人行为和任务绩效的关系。

假设5：自我推销可以调节助人行为和任务绩效的关系。

假设6：做秀可以调节助人行为和任务绩效的关系。

假设7：示弱可以调节助人行为和任务绩效的关系。

假设8：威慑可以调节助人行为和任务绩效的关系。

假设9：奉承可以调节运动员精神和任务绩效的关系。

假设10：自我推销可以调节运动员精神和任务绩效的关系。

假设11：做秀可以调节运动员精神和任务绩效的关系。

假设12：示弱可以调节运动员精神和任务绩效的关系。

假设13：威慑可以调节运动员精神和任务绩效的关系。

假设14：奉承可以调节公民道德和任务绩效的关系。

假设15：自我推销可以调节公民道德和任务绩效的关系。

假设16：做秀可以调节公民道德和任务绩效的关系。

假设17：示弱可以调节公民道德和任务绩效的关系。

假设18：威慑可以调节公民道德和任务绩效的关系。

第二节　研究方法

一、样本

本章研究数据来自第一手调查资料。本研究数据收集过程中实地深入企业，首先和企业总经理和分管人力资源工作的副总经理进行深入访谈，了解企业基本状况和目前人力资源管理现状；接着由高层管理人员亲自指定专人负责发放和回收密封的问卷。调查的方式主要以问卷调查为主，辅助访谈调查。这种调查方式不仅降低调查工作量，确保调查对象具有一定的覆盖面，而且能有重点地对部分企业进行个案讨论，了解问卷调查中存在的问题，进行及时补救，确保调查资料的客观性和准确性。

本次调查面向江苏的企业进行调查，这些企业中有国有企业、外资企业和民营企业，一共有23家企业。每套问卷由两部分组成：第一部分问卷是员工问卷。该问卷由每个员工填写，自我报告个人的基本信息、印象管理和组织公民行为；第二部分问卷是主管问卷。主管分别评价每个填写问卷的员工的任务绩效、组织公民行为以及对员工的好印象。员工和主管的问卷配对后，形成一套符合本研究目的的问卷。这样做一方面有效避免了数据的同源方差（CMV）问题，另一方面员工和主管双向报告组织公民行为，有利于本研究自变量测量的准确性。本研

究中共发放问卷1000套，回收的有效问卷为446套，有效回收率为
44.6%。由于本研究采用配对问卷，因此回收率也是本研究面临的挑战
之一。有这样高的回收率，除了调查对象积极主动的配合外，还得益于
企业高管人员的直接参与和亲自发放问卷，这些都保证了所得到的信
息的质量和可靠性。另外，通过对研究对象的行业分布进行简单分
析，研究对象的行业分布相当广泛，基本涵盖了制造业、纺织服装、
医疗卫生、电信通讯、能源化工、餐饮娱乐等所有的行业。表5-1
描述了调查对象和所在企业的一些基本信息。通过对问卷发放、样本
采集过程的控制，以及对样本的筛选和简单的分析，可以得出结论：
样本是符合研究要求的有效样本。

表 5-1　　　　　　　　被访者和调研企业的基本信息

项目	选项	频次	百分比（%）	累积百分比（%）
性别	男	166	37.2	37.2
	女	280	62.8	100.0
年龄	25 岁以下	115	25.8	25.8
	26～35 岁	175	39.2	65.0
	36～45 岁	107	24.0	89.0
	46 岁以上	49	11.0	100.0
从业时间	1～5 年	105	23.5	23.5
	6～10 年	266	59.6	83.1
	11 年以上	75	16.9	100.0
学历	专科及以下	256	57.4	57.4
	本科	180	40.4	97.8
	硕士及以上	10	2.2	100.0
产业分布	服务业	16	69.6	69.6
	制造业	7	30.4	100.0
规模分布	50 人以下	6	26.1	26.1
	51～150 人	11	47.8	73.9
	151 人以上	6	26.1	100.0

另一方面，还对问卷数据进行了预处理。首先，对原始调查问卷进行审核，将作答不完整和数据明显存在问题（例如，任何条目都选择同一等级、不管正反向条目都选择相同等级、一人填写若干份问卷等）的问卷剔除。其次，对审核后符合要求的问卷进行数据录入，并分别建立各类数据文件。数据录入之前，进行了统一的数据编码，并尽可能进行了数据细分。另外，在调查问卷制定时，为了防止被调查企业答卷时敷衍了事，增加问卷的可信度，问卷中的部分条目具有反向性。因此数据录入中还对数据文件中具有反向性的数据进行了方向性调整。主管问卷和员工问卷调整的方法是：

$$最高取值 - 当前取值 + 1 = 调整后的数值$$

二、研究程序

预测问卷施测。预测问卷包括印象管理、组织公民行为、任务绩效。预测问卷绝大多数在企业员工参加公司外培训的课堂上分发并当场收回，回收率较高。预测问卷经过信度、效度的考察后，删除不合格条目，构成正式问卷。

正式问卷由两部分组成：第一部分问卷是员工问卷。该问卷由每个员工填写，自我报告个人的基本信息、印象管理；第二部分问卷是主管问卷。主管分别评价每个填写问卷的员工的工作业绩、组织公民行为以及对员工的好印象。员工和主管的问卷配对后，形成一套符合本研究目的的问卷。这样做一方面有效避免了数据的同源方差（CMV）问题，另一方面员工和主管双向报告组织公民行为，有利于本研究自变量测量的准确性。

编号。问卷印刷完毕后，给问卷编号，并且同一主管对应几个下属进行编号。在问卷上编号是出于如下考虑：本研究的自变量和因变量分别来自不同的信息源，要将它们一一配对就需要在问卷上作标记。虽然采用直接填写姓名的方式更加简单，但是容易引起答卷人的顾虑。出于这个考虑，本研究采用在卷首打印编号的方式将问卷一与对问卷一答卷人进行组织公民行为评价的两份问卷二对应起来。

正式施测。本研究的正式施测有两种方式：一种方式是研究者本人在取得公司高层管理人员或部门负责人的同意后，亲自到工作现场采集数据。具体过程是：在说明来意和研究意图之后，在该公司一名员工的协助下，将问卷一依次发给该部门的若干员工，之后口头讲述指导语。然后请这名协助研究的员工将问卷编号与答卷人的姓名一一对应起来，罗列在备忘录上。根据这份备忘录，在同样编号的两份问卷上标注被评价人的姓名。一份交给该部门的直接领导，另一份交给该部门的某一个没有参加问卷一作答的员工，请他们评价该员工的组织公民行为。在问卷回答完毕后，当场收回。另一种方式是委托公司负责人或人力资源经理用同样的方法和程序施测。这两种施测方式使问卷的回收率都比较高。去除明显不真实的问卷，最后得到能够配对的问卷446组，也就是说，得到446个员工完成的问卷一的自陈报告，以及他们的主管对他们的组织公民行为的评价。

三、研 究 方 法

目前，至少有两大类估计技术来构建结构方程模型（Structural Equation Model）。一种是基于最大似然估计的协方差结构分析方法，具体可以通过 LISREL、AMOS 和 EQS 等软件来加以实现；另一种是基于最小二乘法的方差分析方法（PLS），具体包括通过 LVPLS 和 PLS-GRAPH 软件实现。第一种方式是最常使用的方法。本研究采用 LISREL 的方法进行分析。这样可以避免传统的方差分析（ANOVA）和层级回归（Hierarchical Multiple Regression）中"无法在测度误差存在的情况下检测互动效应"（Interaction Effects）等缺陷。例如根据大拿大学者秦等人（Chin et al.）的研究成果，运用方差分析方法常常无法估计调节效应的大小，回归和路径分析基础对调节效应大小的估计常常偏低，具有较低的统计效能。而 LISREL 可以避免上述不足。

根据以往研究，运用结构方程模型时，对样本规模的要求取决于用来测度潜变量的形成性指标（Formative Indicator）的个数和影响因变量的自变量的个数。一般情况下，有效的样本规模至少是上述两个数字中的最大者的 10 倍。在本研究中，自变量是组织公民行为，任务绩效是因变量，印象管理是调节变量。组织公民行为有 3 个因子，印象管理有 5 个因子，数目是 8。显然，本书样本规模（446 > 80）满足了这个要求。

四、概念测量

我们运用 446 套样本数据进行数据分析，主要分析软件是 LISREL 9.2。本书采用两步骤分析法来检验提出的假设（Wang et al., 2005）[①]。首先将 446 套样本数据随机均匀分成两个部分：第一部分 223 套样本数据运用探索性因子分析方法检验组织公民行为、印象管理和任务绩效三个变量之间的区分效度；第二部分 223 套样本数据用于各个概念的验证性因子分析。之后，总体 446 套样本采取模型比较方法评价结构模型，用于研究假设的验证。

（一）探索性因子分析（Exploratory Factor Analysis）：第一半样本数据

1. 组织公民行为

组织公民行为的量表是运用博德斯克夫等（1997）的量表[②]。组织

---

① H. Wang, K. S. Law, R. D. Hackett, D. Wang and Z. Chen, Leader – Member Exchange as a Mediator of the Relationship between Transformational Leadership and Follower's Performance and Organizational Citizenship Behavior. *Academy of Management Journal*, Vol. 48, No. 3, 2005, pp. 420 – 432.

② P. M. Podsakoff, M. Ahearne and S. B. MacKenzie, Organizational Citizenship Behavior and the Quantity and Quality of Work Group Performance. *Journal of AppliedPsychology*, Vol. 82, No. 2, 1997, pp. 262 – 279.

公民行为量表的各条目的 MSA（Measures of Sampling Adequacy，取样合适性测度）均大于 0.8，总体 MSA 为 0.91，总体 Bartlett 球形检验 χ^2 值为 2065.46（$df = 136$，$p < 0.01$），并且 15 个条目均在 0.01 上显著相关，因此满足因子分析的条件。三因子模型解释总方差的 62.4%。在助人行为因子中，剔除了条目"我经常提前到企业，并立即开始工作"；在公民道德因子中，剔除了条目"我渴望告诉外界企业的好消息和澄清对企业的误解"。组织公民行为因子分析的结果如表 5 - 2 所示。

表 5 - 2　　　　　　　　组织公民行为的探索性因子分析结果

	因子 1	因子 2	因子 3
因子 1：助人行为			
我在工作中，注意与同事合作和沟通	0.789		
需要帮助时，我能替同事承担工作任务	0.789		
即使无人监督，我也能遵守企业准则和程序	0.761		
我努力自学提高工作质量	0.757		
我帮助同事解决与工作有关的问题	0.753		
我对待工作认真很少出错	0.701		
我帮助新员工适应工作环境	0.668		
我不介意承担新的具有挑战性的任务	0.624		
因子 2：运动员精神			
我不会用职位之便追逐个人所得		0.839	
我不会经常在领导和同事背后说坏话		0.813	
我不会使用小伎俩改善人际关系		0.786	
我用信誉赢得人际和谐		0.540	
因子 3：公民道德			
我会参加企业的会议			0.854
我会提出建设性的意见改善企业的运作			0.738
我会保护企业声誉			0.537

注：主成分分析法，表中数字为 Varimax 旋转后因子负荷。

2. 印象管理

印象管理的量表采用博利诺等（1999）开发的量表，该量表共包含 22 个条目，一共四个因子①。印象管理量表的各条目的 MSA 均大于 0.8，总体 MSA 为 0.90，总体 Bartlett 球形检验 χ^2 值为 3143.98，并且 19 个条目均在 0.01 上显著相关，因此满足因子分析的条件。五因子模型解释总方差的 76.9%。在"威慑"因子中，剔除了条目"必要时，我会用威慑的方法完成工作"；在"奉承"因子中，剔除了条目"关心同事的私生活，表示我很友善"；在"做秀"条目中，剔除了条目"就算工作不繁重，我还是表现出很忙碌的样子"。结果如表 5 - 3 所示。

表 5 - 3　　　　　　　印象管理的探索性因子分析结果

	因子 1	因子 2	因子 3	因子 4	因子 5
因子 1：示弱					
我会假装出有些事情不懂，以获得同事的协助	0.863				
我会在工作中表现出无助，以获得同事的协助和同情	0.826				
我会表现出需要协助的样子，以获得同事的帮助	0.810				
我会假装出不懂的样子，好避免掉讨厌的任务	0.731				
我会表现出不懂的样子，让同事帮助我	0.623				
因子 2：威慑					
我会不客气地对付多管我闲事的同事		0.844			
若同事让我不能把工作做好，我会强硬地与他们应对		0.801			
让同事知道如果他们太过分，我会把事情弄得很僵		0.797			
强迫同事让他们乖乖就范		0.688			
因子 3：奉承					
赞美同事，让他们觉得我很讨人欢心			0.872		
赞扬同事的成就，让他们认为我人很好			0.853		
私下帮助同事的忙，以表示我很友善			0.822		
因子 4：做秀					
为了表现出我对工作的奉献，我会提早到达公司上班				0.834	
为了表现出奉献精神，我会在晚上或周末到办公室				0.721	
工作中晚走一点让同事知道我工作认真				0.716	
因子 5：自我推销					
很自豪地说出我的经历或者学历					0.766

① M. C. Bolino, Citizenship and impression management: good soldiers or good actors. *Academy of Management Review*, Vol. 24, No. 1, 1999, pp. 82 - 98.

	因子1	因子2	因子3	因子4	因子5
让同事知道我的天赋和能力					0.681
让同事知道我的工作成就					0.636
让同事明了我对公司很重要					0.578

注：主成分分析法，表中数字为 Varimax 旋转后因子负荷。

3. 任务绩效

任务绩效的量表借鉴徐淑英等（1997）的量表，一共 11 个条目[①]。任务绩效量表的各条目的 MSA 均大于 0.8，总体 MSA 为 0.87，总体 Bartlett 球形检验 χ^2 值为 1094.18（$df = 55$，$p < 0.01$），并且 11 个条目均在 0.01 上显著相关，因此满足因子分析的条件。因子分析过程中，剔除了条目"该员工努力提高工作质量"。一因子模型解释总方差的 57.2%，结果如表 5 – 4 所示。

表 5 – 4　　　　　　　任务绩效的探索性因子分析结果

任务绩效	因子1
当完成核心工作任务时，该员工工作知识丰富	0.828
当完成核心工作任务时，该员工的准确度高	0.824
当完成核心工作任务时，该员工的判断力强	0.797
该员工具有完成核心工作任务的能力	0.792
当完成核心工作任务时，该员工的创造性强	0.747
该员工的工作质量高于一般员工水平	0.733
该员工的工作效率高于一般水平	0.697
该员工的工作数量多于一般员工水平	0.608
该员工的工作质量标准高于一般标准	0.576
该员工认同最高的专业标准	0.573

注：主成分分析法，表中数字为 Varimax 旋转后因子负荷。

[①] A. TSui, J. L. Pearce, L. W. Porte and A. M. Tl-ipoli, Alternative approaches to the employeeorganization relationship：Does investment in employees pay off？. *Academy of Management Journal*, Vol. 40, 1997, pp. 1089 – 1121.

（二）验证性因子分析（Confirmatory Factor Analysis）：第二半样本数据

（1）组织公民行为。组织公民行为的三因子结构能较好地拟合样本数据（$\chi^2 = 335.25$，$df = 87$，GFI = 0.83，RMSEA = 0.11，CFI = 0.94），TLI（NNFI）= 0.93，助人行为、运动员精神和公民道德这三个因子的信度分别为 0.79、0.76、0.75；方差析出估计（Variance - Extracted Estimate）分别为 0.48、0.46、0.45）。

（2）印象管理。印象管理的五因子结构对数据的拟合程度较好（$\chi^2 = 297.2$，$df = 142$，GFI = 0.88，RMSEA = 0.07，CFI = 0.97，TLI = 0.97，印象管理的信度为 0.89，方差析出估计为 0.57）。

（3）任务绩效。组织公民行为的一因子结构能较好地拟合程度数据（$\chi^2 = 592.93$，$df = 35$，GFI = 0.65，RMSEA = 0.27，CFI = 0.77，TLI = 0.71，任务绩效的信度为 0.90，方差析出估计为 0.52）。

上述指标值表明各概念的验证性因子分析的各项指标均符合最基本的要求（Hair et al.，1998；Kelloway，1998）[1][2]，进行下一步的各概念间的关系分析是可行的。

五、数据分析方法

我们运用总体 446 个样本数据进行数据分析，主要分析软件是 LISREL。本书采取两步骤分析法来检验我们的假设（Wang et al.，2005）。在第一步分析中，我们运用验证性因子分析来检验组织公民行为、印象

---

[1]　J. F. Hair, R. E. Anderson, R. L. Tatham and W. C. Black, *Multivariate Data Analysis* (5th ed.). NJ：Prentice - Hall, Inc., 1998.

[2]　K. Kelloway, LISREL for Structural Equation Modeling：A Researcher's Guide. Thousand Oaks：Sage Publications, 1998.

管理和任务绩效三个变量之间的区分效度。在第二步分析中，采取模型
比较方法来评价结构模型，以检验本书的假设。

第三节　实证分析

一、变量区分效度的验证性检验

首先，把任务绩效变量的 10 个条目随机分成两部分，把每部分看
作一个因子（Wang et al. , 2005；Kelloway, 1998）。其次，我们把组织
公民行为、印象管理和任务绩效各因子作为显示条目（Indicators），进
行验证性因子分析。表 5－5 表明了组织公民行为、印象管理和任务绩
效是三个不同的概念，具有良好的区分效度。三变量的信度分别为
0.82、0.84、0.9；方差析出估计分别为 0.78、0.79、0.74。因此，可
以进行下一步的结构模型分析。

表 5－5　　　　　　　　　概念区分性的验证性因子分析结果

模型	所含因子	χ^2	df	$\Delta\chi^2$	GFI	RMSEA	CFI	TLI
Null model		3379.84	55					
基本模型	三个因子：OCB；IM；TP	584	41		0.98		0.89	0.96
模型 1	两个因子：OCB；IM＋TP	686	43	102**	0.86	0.18	0.88	0.88
模型 2	两个因子：OCB＋IM；TP	631	43	47**	0.85	0.17	0.88	0.87
模型 3	两个因子：OCB＋TP；IM	633	43	49**	0.87	0.17	0.87	0.88
模型 4	一个因子：OCB＋IM＋TP	786	44	202**	0.82	0.18	0.86	0.78

注：OCB 表示组织公民行为；IM 表示印象管理；TP 表示任务绩效，"＋"表示这两个因
子合并成一个，** 表示 $p < 0.01$；$n = 446$。

二、结构模型与假设检验

在对测量模型建立起足够的信心之后，开始检测组织公民行为、印象管理和任务绩效之间的关系。在本章研究中，自变量是组织公民行为，因变量是任务绩效，调节变量是印象管理。组织公民行为划分成三个维度：助人行为、运动员精神和公民道德。印象管理包括五个维度：做秀、示弱、自我推销、威慑和奉承。任务绩效只有一个因子。

本章的实证检验分为两个阶段：在第一个阶段，把助人行为、运动员精神、公民道德、自我推销、做秀、奉承、威慑和示弱都纳入到结构方程模型中去。在第二个阶段，把互动因子也放入到了模型中进行分析。与回归分析类似，通过把预测变量和调节变量相乘，就得到了互动因子。

(一) 组织公民行为和任务绩效的实证分析

第一个阶段中，本书实证分析了组织公民行为的三个维度和任务绩效的关系，表5-6列出的是组织公民行为和任务绩效的实证分析结果。在组织公民行为的三个维度中，助人行为对任务绩效的影响最大（标准化的路径系数是0.22，T值是2.12），其次是公民道德（标准化的路径系数是0.23，T值是1.90），再次是运动员精神（标准化的路径系数是0.04，T值是0.72）。但遗憾的是，没有足够的证据支持运动员精神对任务绩效的积极影响。结果见表5-6。也就是说，在本章提出的研究假设中，假设1和假设3得到了证实，也就是说助人行为和公民道德对员工的任务绩效有显著的积极影响。但是假设2并没有在此次研究中得到证实。

表 5-6　　　　　　　　**组织公民行为和任务绩效的关系**

内生变量		外生变量		
		助人行为	运动员精神	公民道德
任务绩效	第一阶段	0.22（2.12）	0.04（0.72）	0.23（1.90）
	第二阶段	0.05（0.57）	0.05（0.61）	0.05（0.99）

（二）印象管理对组织公民行为和任务绩效的调节作用

第二个阶段中，本书分别考虑了组织公民行为的三个维度和印象管理的五个维度形成的互动因子对任务绩效的作用，从而检测印象管理对组织公民行为和任务绩效的调节作用。需要指出的是，借鉴秦（Chin，1996）的做法，互动因子在进入模型之前，本书先对各项指标进行了标准化的处理。表 5-7、表 5-8 和表 5-9 给出的是组织公民行为的各个维度和印象管理的不同维度形成的互动因子对任务绩效的影响。

表 5-7　　　　　　**助人行为和印象管理的调节作用对任务绩效的影响**

内生变量		外生变量				
		助人行为 × 奉承	助人行为 × 自我推销	助人行为 × 做秀	助人行为 × 示弱	助人行为 × 威慑
任务绩效	第一阶段					
	第二阶段	-0.33（-1.96）	0.57（2.29）	0.52（2.04）	0.32（1.98）	-0.28（-1.84）

在印象管理各个维度对运动员精神和任务绩效之间关系的调节作用中，本书得到表 5-8 的结果。结果表明，印象管理的五个维度对运动员精神和任务绩效之间的关系不具有调节作用。

表5-8　　　运动员精神和印象管理的调节作用对任务绩效的影响

内生变量		外生变量				
		运动员精神×奉承	运动员精神×自我推销	运动员精神×做秀	运动员精神×示弱	运动员精神×威慑
任务绩效	第一阶段					
	第二阶段	-0.02 (-0.33)	0.05 (0.90)	0.01 (0.16)	0.00 (0.07)	-0.03 (-0.67)

表5-9是公民道德和印象管理的调节作用对任务绩效的影响结果。公民道德和奉承的互动因子、公民道德和自我推销的互动因子、公民道德和做秀的互动因子以及公民道德和威慑的互动因子在 $p<0.01$ 的水平上具有统计显著性，路径系数分别是 -0.35、0.34、0.31 和 -0.21。假设14、假设15、假设16和假设18成立。其中，公民道德和自我推销的互动因子以及公民道德和做秀的路径系数是正号，说明这两个互动因子对任务绩效具有积极影响。而其他两个互动因子是负号，表明该互动因子对任务绩效有消极影响。

表5-9　　　公民道德和印象管理的调节作用对任务绩效的影响

内生变量		外生变量				
		公民道德×奉承	公民道德×自我推销	公民道德×做秀	公民道德×示弱	公民道德×威慑
任务绩效	第一阶段					
	第二阶段	-0.35 (-1.96)	0.34 (2.22)	0.31 (2.19)	0.00 (0.12)	-0.21 (-1.89)

本研究假设的总体验证结果如表5-10所示。

表 5 – 10　　　　　　　　　　本研究假设的总体验证结果

序号	研究假设	检测结果
假设 1	员工的助人行为对任务绩效有积极影响	支持
假设 2	员工的运动员精神对任务绩效有积极影响	不支持
假设 3	员工的公民道德对任务绩效有积极影响	支持
假设 4	奉承可以调节助人行为和任务绩效的关系	支持
假设 5	自我推销可以调节助人行为和任务绩效的关系	支持
假设 6	做秀可以调节助人行为和任务绩效的关系	支持
假设 7	示弱可以调节助人行为和任务绩效的关系	支持
假设 8	威慑可以调节助人行为和任务绩效的关系	支持
假设 9	奉承可以调节运动员精神和任务绩效的关系	不支持
假设 10	自我推销可以调节运动员精神和任务绩效的关系	不支持
假设 11	做秀可以调节运动员精神和任务绩效的关系	不支持
假设 12	示弱可以调节运动员精神和任务绩效的关系	不支持
假设 13	威慑可以调节运动员精神和任务绩效的关系	不支持
假设 14	奉承可以调节公民道德和任务绩效的关系	支持
假设 15	自我推销可以调节公民道德和任务绩效的关系	支持
假设 16	做秀可以调节公民道德和任务绩效的关系	支持
假设 17	示弱可以调节公民道德和任务绩效的关系	不支持
假设 18	威慑可以调节公民道德和任务绩效的关系	支持

第四节　本章小节

　　虽然在组织公民行为和绩效的关系方面，人们已经进行了大量的研究。但绩效的研究大多是在组织层次展开，深入个人的任务绩效的研究却没有被引起足够的重视。印象管理作为调节变量的角色也未被注意到。根据以往研究者对组织公民行为、绩效和印象管理的关系探讨，本书构造了三者关系的整合模型。正如本书研究证实，组织公民行为的两个维度都对任务绩效有直接影响，印象管理也的确对组织公民行为和任务绩效的关系产生了显著影响，从而为国内外理论界和企业管理的实践者更好理解三者的关系奠定了基础、提供了有益的补充。

本研究把印象管理放在组织公民行为的情景中研究，仔细识别了组织公民行为可能给任务绩效带来的效应，从而丰富了印象管理和组织公民行为理论。考虑到印象管理动机后，我们认识到组织公民行为可能是企业管理中的一把"双刃剑"，是组织管理问题的指示器。一方面，企业管理者在实践中需要特别仔细识别和评价下属的组织公民行为。在企业中区分"好战士"和"好演员"，激发更多的员工成为"好战士"，有效阻止"好演员"对组织的危害作用。另一方面，组织的管理者在日常的管理中需要特别小心激发组织成员的组织公民行为，不仅关注组织公民行为的本身，还需要同时洞察组织公民行为背后的动机。管理者需要激发和培养健康的组织公民行为，使其能为组织发挥更多的积极作用。

另外，后续研究中还需要考虑组织公民行为的以上效应在中国背景下的应用和变化。以往中国文化的研究有两个特征被反复强调（Chile，1994；Walder，1983)[①]：一是中国人非常注重人际关系的和谐，因此在某些情况下，把更多的精力投入到如何建立人际关系上，而不是如何提高组织的效率和个人的绩效；二是对业绩的定义相当宽泛，和国外的工作职责范围描述的业绩不同，工作中的业绩往往被称为"表现"，这表明中国人可能很注重自我在他人眼中的印象。因此，针对中国的文化特点，在中国背景下研究印象管理的动机对组织公民行为的影响是很有现实价值和理论意义的。

[①] A. G. Walder, Organized dependency and cultures of authority in Chinese industry. *Journal of Asian Studies*, 1983, pp. 51 - 76.

第六章

利己：印象管理对组织公民行为和好印象的调节

第一节 研究假设

一、组织公民行为和好印象

与第五章相同，本研究中采用的是博德斯克夫等（1997）的助人行为、运动员精神和公民道德三个维度的组织公民行为划分。博德斯克夫等（2000）在对组织公民行为的文献综述中对1997年的三个维度的定义做了有益的补充。这种三个维度的划分方式苏文郁（2005）也曾经使用过。助人行为包含了奥根（1988，1990）提出的组织公民行为的利他行为、礼节、领导喝彩、维护和平、运动员精神、公民道德、责任心等维度。运动员精神和奥根（1997）对运动员精神的界定一致。但是博德斯克夫等（2000）认为奥根最初的研究中对运动员精神的定义过于狭窄，他们认为运动员精神不仅是在给他人带来不便时不抱怨，而且还包括如果事情不像预期一般顺利时，仍然能保持积极的态度去面对。另外，如果他人不接受自我的建议时，不会因此生气；个体可以为了团队的利益牺牲自己的利益。助人行为、公民道德和运动员精神是与情景活动有关的行为，鲍曼等（1993）就提出这些活动任务活动（Task Activities）的完成具有促进作用，这些活动营造了一个良好的心理和社会环境，从而有利于组织整体任务的完成①。

国外的研究成果表明：从事组织公民行为的员工的确可以提升自身在组织中的形象。有文献支持了这一说法：例如，伊士曼（1994）认为迎合和组织公民行为表面上看起来非常相似，但是这两种行为会引起上司不同的反应，这取决于上司认为这些行为到底是迎合，还是组织公民行为；沃纳（1994）提出主管对表现出组织公民行为的员工会给予更高的业绩评估；博德斯克夫（1993）指出组织公民行为使主管做出高于客观业绩的评价；费里斯等（1994）的研究结果也表明从事组织公民行为的员工更容易被视为是具有奉献精神的员工。因此可以说，组织公民行为能够给员工带来无形或者有形的好处，从事组织公民行为的员工往往给主管留下乐于助人、具有公民道德等好印象。

假设1：助人行为对提升员工的好印象有正面影响。

假设2：公民道德对提升员工的好印象有正面印象。

假设3：运动员精神对提升员工的好印象有正面印象。

二、印象管理对组织公民行为和好印象的调节效应

印象管理理论基于这样的假设：希望获得积极评价、避免得到消极评价是人的一个主要动机（Rosenfeld, Giacalone, Riordan, 1995; Bolino, 1999）②③。印象管理就是试图去影响别人对自己的印象的行为，这

---

① W. C. Borman and M. S. J. , *Expanding the criterion domain to include elements of contextual performance.* San Francisco: Jossey – Bass, 1993.

② L. Rosenfeld, T. Anderson, G. Hatcher, J. Roughgardenand Y. Shkedy, Upwelling fronts and barnacle recruitment in central California, *MBARI tech. report*, 1995, pp. 5 – 19.

③ M. C. Bolino, Citizenship and impression management: good soldiers or good actors. *Academy of Management Review*, Vol. 24, No. 1, 1999, pp. 82 – 98.

样做的动机有可能是希望获得奖赏、避免惩罚（Tedeschi，1981）。如果某人对自己有很好的印象，那么就不太可能对自己施加伤害，所以只要控制了自己在强者心目中的印象，就可以保证生理和社会安全。从另一个角度来说，人们总是愿意奖赏那些自己喜欢的人，所以只要使自己被那些掌控奖赏权力的人欣赏，那么就很有可能得到比较多的好处。

博利诺（Bolino，1999）强调，并不否定以往研究对组织公民行为原因的推断，但印象管理动机是这些原因之外的又一个原因。利里等（1990）指出印象管理并不意味着个体塑造出来的印象势必是假造的①。也就是说，假如一个员工希望给人留下一个敬业的印象，我们不能推测他实际上就是个不敬业的人，他有可能确实比较敬业，这两者并不矛盾。所以不能因为有了印象管理动机的假设而否定社会交换动机的存在，两者可能同时存在，并且存在交互作用（Bolino，1999）。里乌等（2000）试图为这一假设提供实证支持。他们调查了组织公民行为的三种可能的动机：亲社会、组织关心和印象管理。结果发现亲社会动机与指向个人的组织公民行为显著相关，组织关心与指向组织的组织公民行为显著相关，但是印象管理与组织公民行为的任何一个维度都没有显著相关。这一结论与博利诺（1999）的假设违背。但鲍勒（2002）通过对组织中社会网络的研究试图证明组织公民行为的印象管理动机，结果发现在人际网络中处于强势地位的个体更多地成为组织公民行为的对象，这一点支持了博利诺（1999）的假设②。前文已述，博利诺（1999）提出，员工往往会以重要的组织人物能够观察到并能够做积极解读的方式来实施组织公民行为。这个重要人物就是指能够影响资源分配的人，在组织中担任这个角色的人物自然是管理者，因此在管理者在场的情况下，出于印象管理动机的组织公民行为出现的可能性比较大，

① R. L. Leary, Social support and psychological disorder: a review. *Journal of Community Psychology*, Vol. 11, 1983, pp. 3 – 21.

② M. C. Bolino, T. W. H. and J. M. Bloodgood, Citizenship and the creation of social capital in organizations. *Academy of Management Journal*, Vol. 27, No. 4, 2002, pp. 505 – 522.

管理者接收到的组织公民行为与普通员工相比更多。

当员工从事为自己创造良好形象的印象管理策略时，这些煞费苦心的行为一定能塑造出好公民的印象吗？尽管从事组织公民行为的下属被主管认为是组织中的好战士，但是员工表现出来的组织公民行为仅仅是员工态度的冰山一角，在理解组织公民行为、印象管理和好印象三者的关系时，我们还必须考察两个因素：一是旁观者对于印象管理动机的评价；二是旁观者对于印象管理动机的理解。组织公民行为的评估存在四种方式：一是主管评价组织公民行为（Farh，Padsakoff and Organ，1990；Niehoff & Moorman，1993)[1][2]，原因在于主管更有能力提供相对准确和完整的关于下属的组织公民行为的信息；二是下属自我评估（Conway，1999)[3]；三是主管和下属同时评估组织公民行为（Hui，Lam and Law，2000)[4]；四是同事评估组织公民行为（Conway，1999）。我们认为需要同时考虑主管和同事对组织公民行为的评估。原因在于：根据角色理论的观点（Katz & Kahn，1978)[5]，由于不同的期望和不同的选择性视角，不同角色的人观察到的同一种行为常常有所不同。蒋春燕（2005）研究中也发现，即使同样使用史密斯等（1983）开发的组织公民行为量表，主管和下属在评估组织公民行为时也会产生不一致性[6]。

对于第二个因素，现实中我们看到的只是员工的行为，并没有看到

---

① J. L. Farh and B. S. Cheng, The influence of relational demography and guanxi: The Chinese case. *Organization Science*, Vol. 9, 1997, pp. 471 –488.

② B. P. Niehoff and R. H. Moorman, Justice as a mediator of the relationship between methods of monitoring and organizational citizenship behavior. *Academy of Management Journal*, Vol. 36, 1993, pp. 327 –336.

③ J. M. Conway, Distinguishing contextual performance from task performance for managerial jobs. *Journal of Applied Psychology*, Vol. 84, 1999, pp. 3 –13.

④ C. Hui, S. S. Lam and K. K. Law, Instrumental values of organizational citizenship behavior for promotion: A field quasi-experiment. *Journal of Applied Psychology*, Vol. 85, 2000, pp. 822 –828.

⑤ D. Katz and K. R. L, *The social psychology of organizations*. New York: Wiley, 1966.

⑥ C. A. Smith, D. W. Organ, and J. P. Near, Organizational citizenship behavior: its nature and antecedents. *Journal of Applied Psychology*, Vol. 68, 1983, pp. 653 –663.

员工行为背后的动机。有些学者甚至认为行为背后的动机是无法识别的，但是社会心理学家发展了一种方法可以从利他动机中识别出利己动机（Batson，1991）。对印象管理动机的识别有三个基本假设：一是不能直接观察到动机，但是可以从个人的行为中推断出来；二是单个的行为不能识别出真实的动机，真实动机的判断需要行为的不断重复；三是在不同情况下，观察到的个体表现出相同的行为，而这些情景与个体的目标并不相关。在我们的研究中，正是借鉴了社会心理学的方法，我们认为员工行为背后的动机不是靠识别出来的，而是根据动机推断出来的。印象管理作为调节变量，改变了组织公民行为和好公民印象之间的强弱关系。员工的印象管理高时，组织公民行为对好公民印象的影响变小；员工的印象管理低时，组织公民行为对好公民印象的影响变大。本书提出以下假设：

假设4：奉承可以调节助人行为和好印象的关系。

假设5：自我推销可以调节助人行为和好印象的关系。

假设6：做秀可以调节助人行为和好印象的关系。

假设7：示弱可以调节助人行为和好印象的关系。

假设8：威慑可以调节助人行为和好印象的关系。

假设9：奉承可以调节运动员精神和好印象的关系。

假设10：自我推销可以调节运动员精神和好印象的关系。

假设11：做秀可以调节运动员精神和好印象的关系。

假设12：示弱可以调节运动员精神和好印象的关系。

假设13：威慑可以调节运动员精神和好印象的关系。

假设14：奉承可以调节公民道德和好印象的关系。

假设15：自我推销可以调节公民道德和好印象的关系。

假设16：做秀可以调节公民道德和好印象的关系。

假设17：示弱可以调节公民道德和好印象的关系。

假设18：威慑可以调节公民道德和好印象的关系。

第二节 研 究 方 法

一、样 本

本章的数据和第五章的数据来源相同。详细的样本情况见第五章第二节。

二、变量分析

(一)概念测量

验证组织公民行为、印象管理和好印象的关系研究中，研究方法与第五章相同。本章运用446套样本数据进行数据分析，主要分析软件是LISREL 9.2。本章采用两步骤分析法来检验提出的假设（Wang et al.，2005）。首先将446套样本数据随机均匀分成两个部分：第一部分223套样本数据运用探索性因子分析方法检验组织公民行为、印象管理和任务绩效三个变量之间的区分效度；第二部分223套样本数据用于各个概念的验证性因子分析。之后，总体446套样本采取模型比较方法评价结构模型，用于研究假设的验证。

1. 探索性因子分析（Exploratory Factor Analysis）：第一半样本数据

（1）组织公民行为。

组织公民行为量表的探索性因子分析的结果见第五章。

（2）印象管理。

印象管理量表的探索性因子分析的结果见第五章。

（3）好印象。

好印象量表的各条目的 MSA 均大于 0.8，总体 MSA 为 0.81，总体 Bartlett 球形检验 χ^2 值为 301.44（$df = 6$，$p < 0.01$），并且 4 个条目均在 0.01 上显著相关，因此满足因子分析的条件。一因子模型解释总方差的 69.69%，结果如表 6 - 1 所示。

表 6 - 1　　　　　　　　　　好印象的探索性因子分析结果

好印象	因子 1
该员工与同事关系融洽，给我印象不错	0.880
该员工认可自己所在的工作部门	0.821
该员工喜欢帮助他人，给我印象不错	0.821
该员工具有责任心，给我印象不错	0.817

注：主成分分析法，表中数字为 Varimax 旋转后因子负荷。

2. 验证性因子分析（Confirmatory Factor Analysis）：第二半样本数据

（1）组织公民行为。组织公民行为的验证性因子分析见第五章。

（2）印象管理。印象管理的验证性因子分析见第五章。

（3）好印象。组织公民行为的一因子结构能较好地拟合程度数据（$\chi^2 = 75.49$，$df = 10$，GFI = 0.97，RMSEA = 0.070，CFI = 0.97，TLI = 0.96，任务绩效的信度为 0.90，方差析出估计为 0.52）。

上述指标值表明各概念的验证性因子分析的各项指标均符合最基本的要求（Hair et al.，1998；Kelloway，1998），进行下一步的各概念间的关系分析是可行的。

（二）数据分析方法

本章运用总体 446 个样本数据进行数据分析，采取两步骤分析法来检验我们的假设（Wang et al.，2005）。在第一步分析中，运用验证性因子分析来检验组织公民行为、印象管理和任务绩效三个变量之间的区分效度。在第二步分析中，采取模型比较方法来评价结构模型，以检验本章提出的假设。

第三节　实证分析

一、变量区分效度的验证性检验

首先，把好印象变量的4个条目随机分成两部分，把每部分看作一个因子（Wang et al., 2005; Kelloway, 1998）。其次，我们把组织公民行为、印象管理和好印象各因子作为显示条目（indicators），进行验证性因子分析。表6－2表明了组织公民行为、印象管理和好印象是三个不同的概念，具有良好的区分效度。三变量的信度分别为0.82、0.84、0.92；方差析出估计分别为0.78、0.79、0.74。因此，可以进行下一步的结构模型分析。

表6－2　　　　　　　　概念区分性的验证性因子分析结果

模型	所含因子	χ^2	df	$\Delta\chi^2$	GFI	RMSEA	CFI	TLI
Nullmodel		3379.84	55					
基本模型	三个因子：OCB；IM；GI	584	41		0.98		0.89	0.96
模型1	两个因子：OCB；IM + GI	686	43	102**	0.86	0.18	0.88	0.88
模型2	两个因子：OCB + IM；GI	631	43	47**	0.85	0.17	0.88	0.87
模型3	两个因子：OCB + GI；IM	633	43	49**	0.87	0.17	0.87	0.88
模型4	一个因子：OCB + IM + GI	786	44	202**	0.82	0.18	0.86	0.78

注：OCB表示组织公民行为；IM表示印象管理；GI表示好印象。" + "表示这两个因子合并成一个因子。** 表示 $p < 0.01$；$n = 446$。

二、实证分析与假设检验

经过探索性因子分析、验证性因子分析和变量区分效度的检验后，我们对将要测量的模型开始检测。本章是检验组织公民行为、印象管理和好印象之间的关系。在本章研究中，自变量是组织公民行为，因变量是好印象，调节变量是印象管理。组织公民行为划分成三个维度：助人行为、运动员精神和公民道德。印象管理包括五个维度：做秀、示弱、自我推销、威慑和奉承。好印象只有一个因子。

本章的实证检验分为两个阶段：在第一阶段，把助人行为、运动员精神、公民道德、自我推销、做秀、奉承、威慑和示弱都纳入结构方程模型中去。在第二阶段，把互动因子也放入到了模型中进行分析。与回归分析类似，通过把预测变量和调节变量相乘，就得到了互动因子。

（一）组织公民行为和好印象的实证分析

第一阶段中，本章实证分析了组织公民行为的三个维度和好印象的关系，表6－3列出的是组织公民行为和好印象的实证分析结果。在组织公民行为的三个维度中，助人行为对任务绩效的影响最大（标准化的路径系数是0.29），其次是运动员精神（标准化的路径系数是0.10），再次是公民道德（标准化的路径系数是0.07），T值分别是4.40、3.14和1.10。在本章提出的研究假设中，假设1和假设3得到了证实，也就是说助人行为和运动员精神对员工的好印象有显著的积极影响。但是假设2并没有在此次研究中得到证实。

表6－3　　　　　　　　　组织公民行为和好印象的关系

内生变量		外生变量		
		助人行为	运动员精神	公民道德
好印象	第一阶段	0.29（4.40）	0.10（3.14）	0.07（1.10）
	第二阶段	0.34（2.59）	0.10（0.93）	0.09（1.27）

（二）印象管理对组织公民行为和好印象的调节作用

第二阶段中，本书分别考虑了组织公民行为的三个维度和印象管理的五个维度形成的互动因子对好印象的作用，从而检测印象管理对组织公民行为和好印象的调节作用。需要指出的是，借鉴秦（Chin，1996）的做法，互动因子在进入模型之前，先对各项指标进行了标准化的处理。表6－4、表6－5和表6－6给出的是组织公民行为的各个维度和印象管理的不同维度形成的互动因子对好印象的影响。在表6－4中，助人行为和印象管理的五个维度的互动因子都对好印象有显著影响。助人行为分别和奉承、自我推销以及威慑的互动因子对好印象有显著的消极影响。最显著的是助人行为和威慑的互动因子，T值是－2.35，路径系数是－0.81，其次是助人行为和奉承的互动因子，T值是－2.22，路径系数是－0.69，最后是助人行为和自我推销的互动因子，T值是－2.01，路径系数是－0.72。另外的两个互动因子，助人行为和做秀的互动因子以及助人行为和示弱的互动因子对好印象有显著的积极影响。助人行为和示弱的互动因子影响较大，T值是1.96，路径系数是0.35。助人行为和做秀的互动因子的T值是1.72，路径系数是0.33。

表6－4　　　　助人行为和印象管理的调节作用对好印象的影响

内生变量		外生变量				
		助人行为×奉承	助人行为×自我推销	助人行为×做秀	助人行为×示弱	助人行为×威慑
好印象	第一阶段					
	第二阶段	－0.69 （－2.22）	－0.72 （－2.01）	0.33 （1.72）	0.35 （1.96）	－0.81 （－2.35）

在表6－5中，运动员精神和印象管理的五个维度的互动因子都对好印象有显著影响。运动员精神分别和自我推销、做秀以及示弱的互动因子对好印象有显著的积极影响。最显著的是运动员精神和示弱的互动

因子，T 值是 2.63，路径系数是 0.55，其次是运动员精神和做秀的互动因子，T 值是 2.15，路径系数是 0.31，最后是运动员精神和自我推销的互动因子，T 值是 1.91，路径系数是 0.21。另外的两个互动因子，运动员精神和奉承的互动因子以及运动员精神和威慑的互动因子对好印象有显著的消极影响。运动员精神和威慑的互动因子影响较大，T 值是 -1.89，路径系数是 -0.26。运动员精神和奉承的互动因子的 T 值是 -1.76，路径系数是 -0.21。

表 6-5　　　运动员精神和印象管理的调节作用对好印象的影响

内生变量		外生变量				
		运动员精神×奉承	运动员精神×自我推销	运动员精神×做秀	运动员精神×示弱	运动员精神×威慑
好印象	第一阶段					
	第二阶段	-0.21 (-1.76)	0.21 (1.91)	0.31 (2.15)	0.55 (2.63)	-0.26 (-1.89)

表 6-6 中，公民道德和印象管理五个维度的互动因子的调节作用都不显著。并且，在第一阶段的检验中，公民道德和好印象的关系不显著。

表 6-6　　　公民道德和印象管理的调节作用对好印象的影响

内生变量		外生变量				
		公民道德×奉承	公民道德×自我推销	公民道德×做秀	公民道德×示弱	公民道德×威慑
好印象	第一阶段					
	第二阶段	-0.01 (-0.21)	-0.01 (-0.12)	0.01 (0.12)	0.02 (0.47)	-0.04 (-0.84)

本研究假设的总体验证结果如表 6-7 所示。

表6-7 本研究假设的总体验证结果

序号	研究假设	检测结果
假设1	员工的助人行为对好印象有积极影响	支持
假设2	员工的运动员精神对好印象有积极影响	支持
假设3	员工的公民道德对好印象有积极影响	不支持
假设4	奉承可以调节助人行为和好印象的关系	支持
假设5	自我推销可以调节助人行为和好印象的关系	支持
假设6	做秀可以调节助人行为和好印象的关系	支持
假设7	示弱可以调节助人行为和好印象的关系	支持
假设8	威慑可以调节助人行为和好印象的关系	支持
假设9	奉承可以调节运动员精神和好印象的关系	支持
假设10	自我推销可以调节运动员精神和好印象的关系	支持
假设11	做秀可以调节运动员精神和好印象的关系	支持
假设12	示弱可以调节运动员精神和好印象的关系	支持
假设13	威慑可以调节运动员精神和好印象的关系	支持
假设14	奉承可以调节公民道德和好印象的关系	不支持
假设15	自我推销可以调节公民道德和好印象的关系	不支持
假设16	做秀可以调节公民道德和好印象的关系	不支持
假设17	示弱可以调节公民道德和好印象的关系	不支持
假设18	威慑可以调节公民道德和好印象的关系	不支持

第四节 本章小节

目前有关中国大陆的文化和经济制度的研究成果已经相当广泛（Chile，1994；Walder，1983）[1]。在对我国组织公民行为的研究中发

---

[1] A. G. Walder, Organized dependency and cultures of authority in Chinese industry. *Journal of Asian Studies*, 1983, pp. 51 – 76.

现，"人际和谐"是区别于西方组织公民行为的维度之一（Farh，1997；2004）①②。这与中国人重视"关系"、重视"融洽"的文化传统不可分割。中国人偏爱人际关系和谐的组织成员，而且会自觉不自觉地将这一行为视为成员在组织中工作生活的必需前提。在中国这种特定的文化背景下，员工表现出的组织公民行为有可能是为了给同事特别是主管留下好印象，故意做出超出职责范围要求的行为，而不是出于利他动机提升组织效率。出于这种印象管理的员工，一方面他们的组织公民行为并不能带来好印象的提升，例如员工表现出更多的组织公民行为是为了逃避本职工作，使得传统上组织公民行为可以提升绩效的关系减弱；另一方面出于此类员工就是为了获取好印象。因此，本研究把印象管理作为调节变量，研究在国文化背景下，印象管理是如何改变组织公民行为和好印象、好印象之间关系的强弱和方向。

---

① J. L. Farh and B. S. Cheng, The influence of relational demography and guanxi: The Chinese case. *Organization Science*, Vol. 9, 1997, pp. 471－488.

② J. L. Farh and D. W. Organ, Organizational citizenship behavior in the People's Republic of China. *Organization Science*, Vol. 15, No. 2, 2004, pp. 241－252.

第七章

结　论

第一节　本书的主要结论

一、人力资源管理实践对组织公民行为的激发

本书基本实现了所设计的核心问题之一：可觉察的组织支持在组织的人力资源管理实践和员工的组织公民行为的关系中存在明显的中介作用，而且利用我国企业的调查数据得出的结论更值得深入思考。在我国企业中，可觉察的组织支持起到部分中间作用。本书直接衡量人力资源管理实践对组织公民行为的影响时，关系是显著的，但是考虑到可觉察的组织支持时，人力资源实践对组织公民行为的作用显著减弱。

由此我们可以得出一个结论：我国企业人力资源管理实践对员工的组织公民行为的激发实际上是通过员工对组织支持的感知来发挥作用的，要想有效地激发组织公民行为，问题的关键在于如何提高成员对组织支持的察觉和感知。实现员工对企业人力资源管理政策等组织支持的感知，可以从几个方面入手：

首先，企业的人力资源管理措施需要注重承认员工价值，对员工进

行投资，在工作中认可每一个员工做出的贡献。通过采用这些人力资源管理实践让员工真切地察觉到组织对员工的重视，激发员工去表现组织公民行为；其次，组织强调员工参与，实施对员工价值的公平报偿、展开对员工人力资本投资、给予员工发展提升的机会，这些措施促进员工感知到更多的组织支持，使得员工在工作过程中与其他成员交流和沟通，了解并接受组织的目标与使命，这些措施将产生激励作用和示范效应，从而引导越来越多的员工表现组织公民行为，帮助企业提升绩效和实现组织目标。

二、印象管理对组织公民行为和任务绩效的调节作用

本书运用结构方程模型的方法，实证分析了组织公民行为、印象管理和任务绩效三者的关系。研究结果表明，在组织公民行为的三个维度中，员工助人行为、公民道德对提升员工的任务绩效有显著作用。这一结果和博德斯克夫等（2000）对组织公民行为和任务绩效的关系预测的结论基本一致，同时也和台湾学者苏文郁（2005）的研究结论保持一致[①]。本书的研究发现运动员精神并不能提升任务绩效，实证的结果不能支持运动员精神和任务绩效的关系。尽管如此，这并不能表示运动员精神不重要，这是因为：一是通过第二章文献回顾和研究成果综述，运动员精神是组成组织公民行为的重要维度，这一点在前人的研究中已经得到过证实。尽管在本书的研究中没有得到足够的数据支持，但是并不能否定运动员精神维度在组织公民行为的建构中的重要地位。二是根据博德斯克夫等（2000）对运动员精神的界定，他们认为该概念应该拓展为不仅任劳任怨的忍耐工作中不可避免的麻烦，而且当事情不如愿时，仍然保持积极的态度，为了团体的利益甘愿牺牲个人的兴趣和爱

---

① 苏文郁：《人格特质、印象管理与组织公民行为关系之探讨》，台湾国立中山大学，2005 年。

好，不轻易否决别人的意见等。可能在我国集体主义文化背景下，任劳任怨和确保集体利益是员工的价值观念和人生态度的重要部分。他们认为即使任务绩效没有得到提高，运动员精神已经固化在员工的观念和态度之中，在工作中表现的任劳任怨和确保集体利益已经成为自然而然的事情。因此，在本章实证研究中运动员精神并没有显著地表现出可以提升个人的任务绩效。

对于印象管理的调节作用，本书研究表明，印象管理调节了助人行为和任务绩效的关系。但是印象管理的五个维度的调节程度和方向并不相同。自我推销、做秀以及示弱对助人行为和任务绩效有显著的积极影响，这说明如果员工在工作中采取自我推销、做秀以及示弱的手段，是能够改善绩效水平的。例如，善于自我推销的员工让主管和他人感受到他的能力或者聪明能干等不同于他人的特质，可能这部分员工正是具有一定的能力才善于和勇于自我推销，这种推销的结果可以让主管更多地感知到员工能力的存在，因此给予更多的工作安排和锻炼机会，接受的培训机会也会增加，工作能力加强，从而可以提升个人的任务绩效。奉承和威慑对助人行为和任务绩效有显著的负面影响，这说明如果员工采取奉承和威慑之类的不正当的方法来从事工作表现组织公民行为，使得个体的绩效水平下降。

本书研究还表明，印象管理调节了公民道德和任务绩效的关系，但是示弱对公民道德和任务绩效的调节作用并不显著。在具有显著调节作用的四个互动因子中，自我推销和做秀对公民道德和任务绩效有显著的积极印象，也就是说自我推销和做秀有利于提升个人的任务绩效。奉承和威慑两个因子对于公民道德和任务绩效有显著的消极印象，任务绩效会因为员工表现出的奉承和威慑等策略下降。

三、印象管理对组织公民行为和好印象的调节作用

本书的研究结果显示：组织公民行为的确能给主管留下好印象。在

组织公民行为的三个维度中，助人行为和运动员精神都可以给主管留下好印象，研究结果和劳等人（2004）的结果保持一致。这些结果说明，我国文化背景下的企业员工对乐于助人和任劳任怨工作等价值观还有很高的认同感，从事助人行为和运动员精神的员工一般都会给主管留下好印象。但遗憾的是公民道德和好印象的关系在本书的检测中没有得到支持。没有得到支持的原因可能在于：公民道德是指乐于参与组织的管理、监控来自环境的威胁和机会、保护组织资源等。符合公民道德的行为可能内化在员工日常的工作中，成为职业道德和职业素养的组成部分，因此主管认为员工的公民道德应该是合格的员工应该具备的基本素质，并不会因为员工表现出的公民道德而对员工产生好印象。

　　印象管理的调节作用中，奉承、自我推销和威慑对助人行为和好印象之间的关系存在负面影响。员工的这些印象管理策略不但不能提升主管的好印象，反而会给主管留下不好的印象。这和我国传统文化对个体的要求是密切相关的。我国文化中讲究慎独和含蓄，主管往往不喜欢太张扬和"拍马屁"的下属。相对而言，研究结果表明，做秀和示弱对助人行为和好印象之间的关系存在正面影响。这就说明，员工表达出自己无助需要帮助的形象，可能会激发出他人的社会道德意识。做秀的战术包括提早到达公司、午休时间自觉缩短和很少浪费时间等，这样会在他人心目中起到模范作用，从而获得好印象的评价。

　　对于运动员精神和好印象的关系中，运动员精神分别和自我推销、做秀以及示弱的互动因子对好印象有显著的积极影响。运动员精神和奉承的互动因子以及运动员精神和威慑的互动因子对好印象有显著的消极影响。

第二节　管理启示

　　企业管理的研究终究要为企业发展的现实服务。学术界对组织公民行为的研究深入，一方面丰富了组织公民行为的知识和加深了对组织公民行为的认识，另一方面企业管理实践中为企业的管理者提供培育和管理员工的组织公民行为、如何识别"好战士"和区分"好演员"、把"好演员"转化为"好战士"的一些启示和思路。

一、利用人力资源政策管理员工的组织公民行为

由于组织公民行为具有自发性、主动性和不易控制性，组织公民行为的展现程度可以被视为组织管理问题的指示器。通过组织内组织公民行为的体现，可以以点带面描述一个员工对组织是否具有忠诚度，是否愿意继续为组织效力，并且可以作为员工工作表现的参考指标之一。员工作为企业竞争的重要资源，激发、管理和引导员工健康的组织公民行为与企业人力资源管理部门的工作密切相关。本研究结论对企业人力资源部门工作有以下启示：

1. 鼓励员工参与企业事务，激发员工的组织公民行为

本书的研究结论表明，支持性人力资源实践中的员工参与对于激发员工的组织公民行为具有积极作用。如果能给予员工更多的反馈信息，使员工更能了解自己的行为对组织的意义，感受到工作的价值，通过员工对组织之间的心理契约，便会使员工自发展现组织公民行为。此外，如果员工在工作中能充分感受到同事依赖自己的程度或自己必须依靠工作伙伴完成工作任务时，员工便会增加对他人工作的责任感。对于合作性需求高的工作，员工也就会经常出现自发性的相互调整，于是员工之间会逐渐养成合作、协助的社会规范，这将成为员工组织公民行为的潜在来源。因此，创造条件让员工充分感受到参与的自主性、反馈性和互依性，将有效提升员工展现组织公民行为的水平。

2. 加强内外部培训，培育员工的组织公民行为

培训对于提高质量管理水平起关键作用，特别对那些重在提高工作质量的团队。团队成员需要学习提高好印象的技能，也同样需要接受协

调人际关系的培训，如矛盾冲突解决手段。企业应重视员工的工作技能培训和人际关系的培训，特别是改善同事关系、主管和下属关系的培训。培训中强调团队合作精神，强调员工的主动性，鼓励员工做出超越工作职责描述的行为。如何使得团队中知识员工自发地表现出与其他成员的合作意愿，如何帮助团队成员与上下游的成员配合，如何在培训团队成员工作技能的同时，提高他们解决人际冲突的技能，这些都需要在培训中把组织公民行为考虑进去。

3. 借助奖赏措施，激发员工的组织公民行为

组织公民行为的成功激发，需要借助奖赏措施制度的合理安排。对于员工表现出的超出工作描述的组织公民行为，企业管理者需要及时进行强化这种行为，给予奖金报酬或者表扬激励。同时，对于工作中的非合作行为，不予鼓励，因为这不仅和组织所提倡的公民行为相违背，还会对已经表现出的组织公民行为产生消极影响，影响员工展现组织公民行为的动机。另外，企业管理实践中提倡家庭友好式的福利政策，将会为组织的发展营造良好的组织气氛，有助于员工从事组织公民行为。

二、下属不宜过分提升好印象

如果印象管理策略不会造成紧张的群体气氛，主管可以考虑在今后的管理中包容这些行为，因为印象管理策略也的确会给群体管理带来很多意想不到的好处，从而激励下属的工作热情，以及对主管和群体的忠诚。主管决定是否支持部门下属的印象管理策略和支持的程度，主要取决于下属印象管理行为是否破坏了群体气氛和公平，以及群体成员的接受程度。

从事印象管理的下属无非是希望在主管眼中塑造出良好的形象，但是他们的努力并没有得到主管的支持。主管可能已经感知到，下属之所以表现出组织公民行为存在其他的非利他动机，当然我们不能以偏概全说从事印象管理策略的下属表现出的印象全部是虚伪的，可能是当有些下属的行为被其他下属认为损害了群体气氛时，主管就不适宜有太多的回应。无独有偶的是，拉姆等（1999）指出，若组织公民行为的数量太多时，也不见得对组织有利，因为员工可能把太多的时间和精力用于表现组织公民行为，有顾此失彼的现象，从而影响工作绩效，印象管理策略也存在和组织公民行为类似的道理。

研究结果可能会使下属灰心，因为下属对主管的奉承、自我推销并不能让主管对自己的印象变好，主管不领情；甚至在从事奉承和威慑策略后，还会适得其反，让主管认为自己违反了组织公民行为。但换一个角度来看，如果主管对下属的认知和评价并不受到印象管理的影响，这也表明下属不用花费太多心思塑造自我在主管和下属心目中的形象，只要做好自己的本职工作，主管便会察觉到下属的努力，如果下属太过于强调和表现自己的形象，还可能造成不好的效果。

三、发挥印象管理的积极作用

对印象管理策略使用者不能简单地以价值判断作为评判的标准，并不是所有的印象管理策略都是提升自我形象、损坏他人利益的。这一点和以往考虑了印象管理的组织公民行为的研究视角并不一致（郭晓薇，2004）。因此，在企业员工的日常工作中，不应对印象管理的所有策略加以排斥和否定，也不能对带有印象管理动机而表现组织公民行为的员工一概否定。如果员工能谨慎地采用印象管理策略，可以建立良好的人际关系和增加组织内外和谐气氛。在人际关系良好组织气氛和谐的工作环境中，员工的心理状态稳定、工作状态良好，对于任务绩效的提升是有好处的。

在本书的研究中，还发现需要仔细辨别印象管理作用的对象和重点。如果印象管理是以工作为中心的战术，员工企图控制与工作相关的信息，塑造出正面印象，反而可以提升员工的任务绩效。以工作为中心的战术往往和工作任务紧密相关，员工只有很好地把握信息和运用信息，才能实现塑造正面印象的目的。这一点给企业管理中带来了新的启示。如果员工是以工作为中心，例如干好本岗位的工作事务，打印纸双面打印等行为，尽管员工这样做可能是为了留下好印象，但是这些做法毕竟改善了绩效，而且一旦这些和工作相关的习惯形成，就可能长期地保持下去，甚至影响其他员工。

相反，如果印象管理是以主管为中心的战术，员工企图控制与主管相关的信息，塑造出正面印象，反而造成员工的任务绩效下降。例如主动迎合主管的各种需求，帮助主管处理私人事务等，这类策略是围绕主管展开的，对工作和他人没有涉及。以主管为中心的印象管理往往会影响绩效的提升，因为员工的工作不再重要，员工的注意力很大程度上被分散到如何去取悦主管，因此很少会真正关心手头的具体工作。长此以往，完成与任务相关的绩效就会受到损害。

印象管理有时对组织也是很有好处的，是必需的。至少我们可以说，印象管理有利于员工之间的人际关系和谐，消除紧张气氛。另外，管理者也可以利用印象管理来提高员工的业绩。根据自我实现原理，当一个人希望某事发生时，他的努力和他所采取的行为会增加事情发生的概率。因此，管理者可以利用印象管理策略，通过改变员工对其自身的印象来改变其业绩表现。例如，不断地给员工一些暗示，让他们相信自己的能力，相信自己可以通过努力工作而取得好成绩。同时告诉他们对他们的期望和达到企业期望后可以获得的奖励，包括奖金、福利、培训和晋升等。这样，在员工自己心中，自己成了能人，努力工作积极争取自我实现。总之，印象管理作为一种一直普遍存在的社会现象和管理行为，对企业业绩有着不容忽视的重要影响。因此，在企业人力资源管理中，不仅要努力排除印象管理带来的不良影响和干扰，而且要充分地利用其积极的一面，尽可能地发掘员工的潜能，使企业的人力资源管理迈上一个新台阶。

第三节　研究局限和方向

一、研究局限

（一）量表的有效性

本研究采用的量表是在西方的文化背景下发展出来的，虽然研究者采用了标准的翻译——回译程序（Brislin，1980）[1]，但文化的差异仍然可能会对量表的有效性产生影响。由于人力资源实践、工作态度、好印象和印象管理已经有了非常成熟的量表，因此这几个量表采用国外成熟的量表，直接经过翻译——回译使用，它们保持了很好的信度和效度。对于组织公民行为的测量，虽然已有中国学者开发或修订了中文版本的量表，但在本研究中并未采用，而采用的是本书作者对博德斯克夫等（1997）的量表略加修订后的问卷，这是因为：中国的组织行为学家开发出的组织公民行为问卷在维度、题目等方面都存在较大的差异，而且目前还没有出现一个广为学术界接受的本土化量表。另外，本研究需要测量的概念有多个，而有些中文量表的题目太多，所以不适合本研究使用。

（二）研究方法的局限

本研究是以主管和员工配对方式开展的调查，这种针对个人的调查研究比较复杂而且敏感，许多主管一听到涉及评价下属都不太愿意配合

---

[1] R. W. Brislin, Translation and content analysis of oral and written material. Boston：Altyn and Bacon，1980.

问卷填写，因此在样本的扩大上有所限制。由于时间和人力上的限制，本研究在抽样方法上采用便利性抽样（Convenience Sampling），而非随机性抽样，即通过朋友、同学等方便地获取样本。本次调查对象以江苏省为主，因此本研究注意到本研究获得的结论尚需要更多的随机样本支持。如果在不同地区或者不同产业重复上述研究，将有助于增强研究成果的外部效度和普遍性。希望未来的研究能够从不同的来源收集数据，从而更准确地考察本研究提出的理论模型。

（三）横断面数据的限制

本研究采用横断面数据。实际上，组织公民行为的激发机制和影响效应研究需要一定的时间跨度。例如，本研究仅对组织公民行为做了一次测量，组织某一时期采取的人力资源管理实践可能不会立即对员工的组织公民行为产生影响，而且每种人力资源管理实践可能会随着时间的推移而发生变化，因此在未来的研究中收集和分析纵剖数据可能更有意义。需要强调的是，与国外的一些研究类似，本书采用的是横断面数据，是在有限的条件下对组织公民行为的激发机制和影响效应做了初步的检测。

为了弥补这种横断面数据的限制，本书采用目前国外相关研究领域中类似的做法，即对假设进行相对宽松的描述（Youndt et al.，1996；Tsui et al.，1997）①。当本书在研究相关变量时，不再强调是哪个方面的"影响"，而是"联系"。

总之，我们注意到虽然本研究提出了相应的理论模型，并进行了实证研究，但是由于在我国的文化背景下进行的相关研究较少，本书的研究结果尚需要其他更多的实证研究的支持，因此本书仅是对一个复杂问题的初步探索。

---

① A. S. Tsui and F. J. L.，Where guanxi matters：Relational demography and guanxi in the chinese context. *Work and Occupations*，Vol. 24，1997，pp. 56 - 79.

二、进一步研究设想

(一) 群体因素对组织公民行为的影响

组织公民行为的研究领域既需要微观视角也需要宏观视角。以往的研究注意力大多集中在微观视角，认为组织公民行为是个人行为，导致组织公民行为的原因也是出于态度、人格等个体层次的因素。在本书的研究中逐渐发现，进一步的研究视角需要从微观个体向群体这一更加宏观的视角转移。

群体特征对成员行为的影响也不断受到研究者的重视。例如，霍夫曼等人检测了群体安全气氛和个体不安全行为的关系 (Hofmann & Stetzer, 1996)[①]；并研究了领导气氛对各种员工产出的调节作用[②]；韦尔奇等 (1998) 研究了工作群体一致性对个体任务绩效的影响[③]。尽管如此，但是我们对群体因素如何影响员工的组织公民行为却知之甚少。奥根 (1997) 就指出组织公民行为在群体层次上可能是一个更令人感兴趣的领域，但这个问题还是 "未完成的事业 (Unfinished Business)"。基德韦尔等 (Kidwell et al.) 是这个领域的先行者[④]。基德韦尔等 (1997) 研究了组织公民行为的两个维度 (恭谦和责任心) 和个体层次

---

① D. A. Hofmann and A. Stetzer, A cross-level investigation of factors influencing unsafe behaviors and accidents. *Personnel Psychology*, Vol. 49, 1996, pp. 307–339.

② D. A. Hofmann and M. B. Gavin, Centering decisions in hierarchical linear models: Theoretical and methodological implications for organizational science. *Journal of Management*, Vol. 23, 1998, pp. 623–641.

③ B. A. Wech, K. W. Mossholder, R. P. Steel and Bennett, Does work group cohesiveness affect individuals' performance and organizational commitment? A cross-level examination. *Small Group Research*, Vol. 29, 1998, pp. 472–494.

④ R. E. Kidwell, K. M. Mossholder and N. Bennett, Cohesiveness and organizational citizenship behavior: A multilevel analysis using work groups and individuals. *Journal of Management*, Vol. 23, 1997, pp. 775–793.

变量（满意和承诺）与群体层次变量（群体一致性）的关系，研究结论是群体一致性越高的群体中，员工越感到工作满意，表现出更多的恭谦和责任心等组织公民行为[1]。这项研究成果加强了在个体层次和群体层次同时测量组织公民行为的重要性。但遗憾的是，基德韦尔等（1997）仅检测了一个群体层次因素和两个个体层次的维度。对于组织公民行为的跨层次影响因素研究，应该考虑更多的其他个体层次和群体层次变量的影响。

越来越多的研究认识到情境因素对员工行为的影响，情境因素中很重要的因素之一是组织气氛。一般认为，组织气氛是指组织中的成员对组织的政策、程序和实践共同的觉察（Schneider，1990）[2]。大多数研究重点考察了广义上的组织气氛和特定的行为因变量的关系，结果发现两者之间并没有显著影响。但是对于组织气氛的某些方面，却有很多证据表明组织气氛和某些行为变量显著相关。例如创新气氛（Anderson & West，1998；Klein & Sorra，1996）[3]；技术改进气氛（Kozlowski & Hults，1987）[4]；安全气氛（Zohar，1980）[5]、培训气氛（Tracey, Tannenbaum & Kavanagh，1995）[6] 和顾客服务气氛（Borucki & Burke，

———————

[1]　B. Schneider, Linking service climate and customer perceptions of service quality: Test of a causal mode. *Journal of Applied Psychology*, Vol. 83, 1998, pp. 150 – 163.

[2]　N. R. Anderson and M. A. West, Measuring cWnate for work group innovation: development and validation of the team climate inventory. *Journal of Organizational Behavior*, Vol. 19, 1998, pp. 235 – 258.

[3]　K. J. Klein, F. Dansereau and R. J. Hall, Levels issues in theory development, data collection, and analysis. *Academic of Management Review*, Vol. 19, 1994, pp. 195 – 229.

[4]　S. W. J. Kozlowski and B. M. Hults, An exploration of cWnates for technical updating and performance. *Personnel Psychology*, Vol. 40, 1987, pp. 539 – 563.

[5]　D. Zohar, Safety climate in industrial organizations: Theoretical and applied implications. *Journal of Applied Psychology*, Vol. 65, 1980, pp. 96 – 102.

[6]　J. B. Tracey, S. L. Tannenbaum and M. J. Kavanagh, Applying trained skills on the job: The importance of the work environment. Vol. 80, 1995, pp. 239 – 252.

1999；Schneider，1998）[1][2]。正是借鉴了以往对组织气氛某些方面的研究，提出在工作群体中群体帮助气氛可能会影响员工的组织公民行为，通过多层线性分析（HLM）的方法证明了群体帮助气氛对组织公民行为有显著影响。

因此，在本书的后续研究中，将考虑到群体帮助气氛对组织公民行为的激发作用。我们相信，这种群体帮助气氛势必形成群体内的规范，对员工的组织公民行为产生激发、约束和影响作用。在进一步的研究中，将继续收集有关数据，对提出的理论问题进行实证检验。

（二）组织公民行为的跨层次研究

在前面的研究过程中，本书越来越认识到个体的组织公民行为和群体因素和组织因素密不可分，仅仅研究某一个层次的变量对组织公民行为的影响，并不能从根本上全面解释和预测员工的组织公民行为，组织公民行为的跨层次（Cross-level）研究有广阔的研究前景和重要的研究意义。

乔治（1990）、奥根等（1995）、施纳克等（2003）等很多学者都曾经反复呼吁过组织公民行为的跨层次研究[3][4][5]，但是研究群体或组织变量对个体组织公民行为的影响、群体变量对群体公民行为的影响或者群体层次的组织公民行为对于群体绩效的成果却很少，直到最近几年组

---

① B. Schneider, Linking service climate and customer perceptions of service quality: Test of a causal mode. *Journal of Applied Psychology*，Vol. 83，1998，pp. 150 – 163.

② C. C. Borucki and M. J. Burke, An examination of service-related antecedents to retail store performance. *Journal of Organizational Behavior*，Vol. 20，1999，pp. 943 – 962.

③ M. E. Schnake and M. P. Dumler, Levels of measurement and analysis issues in organizational citizenship behavior research. *Journal of Occupational and Organizational Psychology*，Vol. 76，2003，pp. 283 – 301.

④ J. M. George, Personality, affect, and behavior in groups. *Journal of Applied Psychology*，Vol. 75，No. 1，1990，pp. 107 – 116.

⑤ Organ, A meta-analytic review of attitudinal and dispositional predictors of organizational citizenship behavior. *Personnel Psychology*，Vol. 48，No. 1，1995，pp. 775 – 802.

织公民行为才被放到跨层次的组织背景中研究（Klein & Kozlowski，2000；Liao，2002）[1][2]。

跨层次模型是对个体、群体和组织三个层次变量间的关系进行分析，它也是三种模型中最复杂的一种。跨层次模型可以分为两类：一是跨层次直接效果模型（Cross-level Direct-effect Model）。它研究跨层次的自变量对因变量的直接影响。可达姆巴亚科（1990）检测了群体层次的工作背景效应对个体层次组织公民行为的影响[3]。在这项研究中，工作背景包括薪酬、组织气氛、群体规模、群体异质性和任务依赖。所建立的模型就是在个体层次和群体层次上建立的直接影响效果模型。克莱因等（2000）在个体、群体和组织层次上验证了群体凝聚力、组织文化、组织特征与个体组织公民行为的关系。跨层次的另一种模型被称为跨层次调节变量模型（Cross-level Moderator Model），它是描述两个同层次的建构和一个不同层次的变量对两者关系的调节作用。同时研究了个体态度和个体差异性这两个调节变量对群体帮助气氛和组织公民行为的关系。

跨层次的研究成果使得群体和组织层次对组织公民行为的影响日益得到重视，但是由于跨层次的研究问题的数据往往来自不同层次。在研究方法上，传统的统计分析方法已经不能满足理论设计和数据处理的要求，需要采用新的方法。而处理这种多层嵌套结构数据的线性统计分析方法是多层线性模型（Hierarchical Linear Modeling，HLM）。

我国文化背景给研究者提供了更多的机会去观察和研究组织公民行为。我国文化有两个显著特点：一是强调集体主义导向。在这种文化背景下，自我的概念不是独立存在的，自我是相互依存的自我，个体更愿意把自己视为群体中的一员，根据群体规范和群体背景决定采取何种行

---

① Klein. From micro to meso: critical steps in conceptualizing and conducting multilevel research. *Organizational Research Methods*，Vol. 25，No. 3，2000，pp. 211 – 236.

② H. Liao，*A cross-level analysis of organizational citizenshipbehavior in work groups.* University of Minnesota，2002.

③ J. Karambayya，Contextual predictors of organizational citizenship behavior. Journal of Management Proceedings，Vol. 12，No. 1，1990，pp. 223 – 245.

为方式。为了维持群体成员身份和获得其他成员的认同，个体对群体和周围的组织高度敏感，在这种群体内的个体可能更倾向从事组织公民行为。因此，比起美国等个人主义导向的国家，在我国这样一个集体主义导向的国家内更容易观察到群体和组织因素对组织公民行为的影响，中国情景下的组织公民研究具有重要的理论意义和实践价值。中国文化的另外一个特点是：强调人与人之间的关系。樊景立在中国背景下对组织公民行为的维度探索中就发现了中国人特有的"维护人际和谐"维度，个体会自觉地把维持和改善与群体成员的和谐关系看作工作的重要内容，而改善和维持关系的重要方式之一就是个体和群体成员保持联系，群体成员如需要帮助个体会随时提供帮助。因此，我国重视维护人际关系的特点是考察群体和组织因素对组织公民行为影响的放大镜，在中国情景下进行本土化研究可以丰富组织公民行为的理论研究，得到具有普适性的结论。

尽管组织公民行为研究中不断出现新的跨层次研究成果，但是比起个体层次研究，由于组织公民行为层次上的复杂性和测量上的动态性，组织公民行为的跨层次研究仍然是一个面临挑战的领域。如何把层次理论（Theory of Level）运用到组织公民行为的跨层次研究中去还是研究者需要谨慎考虑的问题。

参 考 文 献

1. 陈晓萍:《平衡》, 清华大学出版社 2005 年版。

2. [美] 斯蒂芬·P·罗宾斯:《组织行为学》, 孙健敏译, 中国人民大学出版社 1997 年版。

3. 郭晓薇:《影响员工组织公民行为的因素——实证与应用》, 上海立信会计出版社 2006 年版。

4. C. I. Barnard, *The functions of the executive.* Cambridge: Harvard University Press, 1938.

5. J. G. March and H. A. Simon, *Organizations.* New York: Wiley, 1958.

6. P. M. Blau, *Exchange and power in social life.* New York: Wiley, 1964.

7. T. S. Batsman and O. D. W. , Job satisfaction and the good soldier: The relationship employee "citizenship" . *Academic of Management Journal*, Vol. 26, 1983, pp. 587 – 595.

8. D. Organ, *Organizational Citizenship Behavior: the Good Soldier Syndrome.* Lexington: Lexington Books, 1988.

9. M. A. Konovsky and P. S. D. , Citizenship behavior and social exchange. *Academy of Management*, Vol. 37, 1994, pp. 656 – 669.

10. M. C. Bolino, Citizenship and impression management: good soldiers or good actors. *Academy of Management Review*, Vol. 24, No. 1, 1999, pp. 82 – 98.

11. M. R. Leary and R. Kowalski, Impression management: a literature

review and two-component model. *Psychological Bulletin*, Vol. 107, 1990, pp. 34 – 47.

12. C. Hui, S. S. Lam and K. K. Law, Instrumental values of organizational citizenship behavior for promotion: A field quasi-experiment. *Journal of Applied Psychology*, Vol. 85, 2000, pp. 822 – 828.

13. W. M. Bowler, *Relationships and organizational citizenship behavior: A social network approach*. University of Kentucky, 2002.

14. F. L. K. Hsu, Psychological homeostasis and jen: conceptual tools for advancing psychological anthropology. *American Anthroupologist*, Vol. 73, 1971, pp. 23 – 44.

15. K. S. Yang, F. M. C. C. L. Y. Cheng and C. N. Chen, Chinese social orientation: An integrative analysis. in Psychotherapy Chinese – Selected Papers 1st Internat. Conf. 9. 1992.

16. J. L. Farh, P. C. Earley and S. C. Lin, Impetus for action: A cultural analysis of justice and organizational citizenship bebavior in Chinese society. *Administrative Science Quarterly*, Vol. 42, 1997, pp. 421 – 444.

17. J. L. Farh and D. W. Organ, Organizational citizenship behavior in the People's Republic of China. *Organization Science*, Vol. 15, No. 2, 2004, pp. 241 – 252.

18. P. Podsakoff, S. B. MacKenzie, J. B. Paine and D. G. Bachrach, Organizational citizenship behaviors: a critical review of the theoretical and empirical literature and suggestions for future research. *Journal of Management*, Vol. 26, No. 3, 2000, pp. 513 – 563.

19. 杨东涛:《人力资源管理与制造战略配合对组织绩效的影响》，中国物资出版社 2006 年版。

20. K. K. Eastman, In the eyes of the beholder: An attributional approach to ingratiation and organizational citizenship behavior. *Academy of Management Journal*, Vol. 37, 1994, pp. 1379 – 1391.

21. J. M. Werner, Dimensions that make a difference: Examining the impact of in-role and extra-role behaviors on supervisory ratings. *Journal of Applied Psychology*, Vol. 79, 1994, pp. 98 – 107.

22. P. M. Podsakoff, S. B. MacKenzieand C. Hui, Organizational citizenship behavior and managerial evaluations of employee performance: Areview and suggestions for furture research. In G. R. Frerris (Ed.), *Research in personnel and human resource management.* JAI Press, 1993, pp. 1 – 40.

23. G. R. Ferris et al., Subordinate influence and the performance evaluation process: Test of a model. *Organizational behavior and human decision processes*, Vol. 58, No. 11, 1994, pp. 101 – 135.

24. D. Katz and K. R. L, *The social psychology of organizations.* New York: Wiley, 1966.

25. C. A. Smith, D. W. Organ, and J. P. Near, Organizational citizenship behavior: its nature and antecedents. *Journal of Applied Psychology*, Vol. 68, 1983, pp. 653 – 663.

26. D. R. Ilgen and E. D. Pulakos, *The changing nature of performance*: *implication for staffing, motivation, and development.* San Francisco: Jossey – Bass, 1999.

27. 郭晓薇：《企业员工组织公民行为影响因素的研究》，华东师范大学出版社 2004 年版。

28. 龙静：《组织公民行为理论及其应用》，载《外国经济与管理》2000 年第 3 期。

29. 徐长江、时勘：《对组织公民行为的争议与思考》，载《管理评论》2004 年第 3 期。

30. 武欣、吴志明、张德：《组织公民行为研究的新视角》，载《心理科学进展》2005 年第 2 期。

31. 苏方国、赵曙明：《组织承诺、组织公民行为与离职倾向关系研究》，载《科学学与科学技术管理》2005 年第 8 期。

32. J. Nahapiet and G. S. , Social capital, intellectual capital, and the organizational advantage. *Academy of Management Review*, Vol. 23, No. 2, 1998, pp. 242 – 266.

33. M. C. Bolino, T. W. H. and J. M. Bloodgood, Citizenship and the creation of social capital in organizations. *Academy of Management Journal*, Vol. 27, No. 4, 2002, pp. 505 – 522.

34. R. P. Settoon and M. K. W. , Relationship Quality and Relationship Context as Antecedents of Person-and Task – Focused Interpersonal Citizenship Behavior. *Journal of Applied Psychology*, Vol. 87, No. 2, 2002, pp. 255 – 267.

35. C. T. Lai, L. X. , and M. A. Shaffer, *Interpersonal citizenship behaviors of employees in greater China: A social capital perspectives.* Hong Kong Baptist University, 2004.

36. M. Pillutla and C. X. P. , Social norms and cooperation in socialdilemmas: The effects of context and feedback. *Organizational Behavior and Human Decision Processes*, Vol. 78, No. 2, 1999, pp. 81 – 103.

37. X. Chen, Z. X. and D. Sego, Beyond organizational commitment: The effect of loyalty to supervisor and perceived social norm on employee organizational citizenship and turnover. International Association of Chinese Management Research Conference Proceedings, 2004.

38. H. C. Triandis, The self and social behavior in differing cultural contexts. *Psychological Review*, Vol. 96, No. 3, 1989, pp. 506 – 520.

39. D. M. Rousseau, Issues of level in organizational research: Multi-level and cross-level perspectives. L. L. Cummings (ed.), *Research in organizational behavior.* Greenwich, 1983.

40. M. E. Schnake and M. P. Dumler, Levels of measurement and analysis issues in organizational citizenship behavior research. *Journal of Occupational and Organizational Psychology*, Vol. 76, 2003, pp. 283 – 301.

41. C. L. Pearce and H. P. A. , Citizenship behavior at the teamlevel of analysis: The effect of team leadership, teamcommitment, perceived team support and team size. *The Journal of Social Psychology*, Vol. 144, No. 3, 2004, pp. 293 – 310.

42. A. Somech and D – Z. Anat, Exploring organizational citizenship behavior from an organizational perspective: The relationship between organizational learning and organizational citizenship behavior. *Journal of Occupational and Organizational Psychology*, Vol. 77, No. 3, 2004, pp. 281 – 298.

43. C. H. Burton, *An empirical investigation of the interrelationships of organizational culture, managerialvalues and organizational citizenship behavior*. George Washington University, 2003.

44. H. Liao, *Across-level analysis of organizational citizenshipbehavior in work groups*. University of Minnesota, 2002.

45. X. Chen, L. S. K. , J. Schaubroeck, et al. , Group organizational citizenship behavior: A conceptualization and preliminary test of its antecedents and consequences. *Academy of Management Best Papers Proceedings*, 2002.

46. E. W. Morrison, Role definitions and organizational citizenship behavior: The importance of the employee's perspective. *Academy of Management Journal*, Vol. 37, 1994, pp. 1543 – 1567.

47. S. B. MacKenzie, P. M. Padsokoff and R. Fetter, Organizational citizenship behavior and objective productivity as determinants of managerialevaluations of salespersons' performance. *Organizational Behavior and Human Decision Processes*, Vol. 50, 1991, pp. 123 – 150.

48. P. M. Podsakoff and S. B. MacKenzie, Organizational citizenship behaviors and sales unit effectiveness. *Journal of Marketing Research*, Vol. 3, No. 1, 1994, pp. 351 – 363.

49. T. D. Allen and R. M. C. , The effects of organizational citizenship

behavior on performance judgments: A field study and a laboratory experiment. *Journal of Applied Psychology*, Vol. 83, 1998, pp. 247 – 260.

50. D. W. Organ, Personality and organizational citizenship behavior. *Journal of Management*, Vol. 20, 1994, pp. 465 – 478.

51. W. C. Borman and M. S. J. , *Expanding the criterion domain to include elements of contextual performance.* San Francisco: Jossey – Bass, 1993.

52. L. Van Dyne , C. L. L. and J. M. Parks, Extra-role behaviors: In pursuit of construct and definitional clarity. *Research in Orgaazitional Behavior.* Greenwich: Greenwich, 1995.

53. L. Van Dyne, L. and A. Jeffrey, Helping and voice extra-role behaviors: Evidence of construct and predictive validity. *Academy of Management Journal*, Vol. 41, 1998, pp. 108 – 119.

54. J. W. Graham, An essay on organizational citizenship behavior. *Employee Responsibilities and Rights Journal*, Vol. 4, 1991, pp. 249 – 270.

55. L. Van Dyne, G. J. W. and R. M. Dienesch, Organizational citizenship behavior: Construct redefiniton, Measurement, and validation. *Academy of management Journal*, Vol. 37, 1994, pp. 765 – 802.

56. A. P. Brief and M. S. J. , Prosocial organizational behaviors. *Academy of Management Review*, Vol. 11, 1986, pp. 710 – 725.

57. J. M. George and B. A. P. , Feeling good-doing good: A conceptual analysis of the mood at work-organizational spontaneity relaiionshic. *Psvcholoaical Bulletin*, Vol. 112, 1992, pp. 310 – 329.

58. S. J. Motowidlo and V. S. J. R. , Evidence that task performance should be distinguishedfrom contextual performance. *Journal of Applied Psychology*, Vol. 79, 1994, pp. 475 – 480.

59. D. W. Organ, Organizational citizenship behavior: It's construct clean-up time. *Human Performance*, Vol. 10, 1997, pp. 85 – 97.

60. D. Katz and K. R. L. , *The social psychology of organizations.* New

York Wiley, 1978.

61. P. M. Podsakoff, M. S. B. , R. H. Moorman and R. Fetter, Trans-formational Leader Behaviors and Their Effects of Follower's Trust In Leader, Satisfaction, and Organizational Citizenship Behavior. *Leadership Quarterly*, Vol. 1, 1990, pp. 107 – 142.

62. L. Williams and A. S. E. , Job Satisfaction and Organizational Com-mitment as Predictors of Organizational Citizenship and In – Role Behaviors. *Journal of management*, Vol. 17, 1991, pp. 601 – 617.

63. J. Child, *Management in China during the age of reform*. England: Cambridge University Press, 1994.

64. A. G. Walder, Organized dependency and cultures of authority in Chinese industry. *Journal of Asian Studies*, 1983, pp. 51 – 76.

65. 徐淑英、刘忠明:《中国企业管理的前沿研究》, 北京大学出版社 2004 年版。

66. J. L. Farh and B. S. Cheng, The influence of relational demography and guanxi: The Chinese case. *Organization Science*, Vol. 9, 1997, pp. 471 – 488.

67. A. S. Tsui and F. J. L. , Where guanxi matters: Relational demogra-phy and guanxi in the chinese context. *Work and Occupations*, Vol. 24, 1997, pp. 56 – 79.

68. K. R. Xin and P. J. L. , Guanxi: Connections as substitutes for for-mal institutional support. *Academic of Management Journal*, Vol. 39, 1996, pp. 1641 – 1658.

69. P. M. Podsakoff, M. Ahearne and S. B. MacKenzie, Organizational Citizenship Behavior and the Quantity and Quality of Work Group Perform-ance. *Journal of AppliedPsychology*, Vol. 82, No. 2, 1997, pp. 262 – 272.

70. 苏文郁:《人格特质、印象管理与组织公民行为关系之探讨》, 台湾国立中山大学, 2005 年。

71. G. Graen, T. Scandura, Toward a psychology of dyadic organizing. *Research in Organizational Behavior*, 1987, pp. 175 – 208.

72. G. R. Salancik and P. Jeffrey, An examination of need-satisfaction models of job attitudes. *Administrative Science Quarterly*, Vol. 22, 1977, pp. 427 – 456.

73. B. P. Niehoff and R. H. Moorman, Justice as a mediator of the relationship between methods of monitoring and organizational citizenship behavior. *Academy of Management Journal*, Vol. 36, 1993, pp. 327 – 336.

74. J. M. Conway, Distinguishing contextual performance from task performance for managerial jobs. *Journal of Applied Psychology*, Vol. 84, 1999, pp. 3 – 13.

75. O'Reilly, A. Charles, Chatman and Jennifer, Organizational commitment and psychological attachment: the effects of compliance, identification, and internalization on prosocial behavior. *Journal of Applied Psychology*, Vol. 71, 1986, pp. 492 – 499.

76. T. L. P. Tang and A. H. S. Ibrahim, Antecedents of organizational citizen behavior: public personnel in the United States and in the Middle East. *Public Personal Management*, Vol. 27, 1998, pp. 529 – 548.

77. D – B. Alisonand P. Jeffrey, Just a mirage: the search for dispositional effects in organizational research. *Academy of management review*, Vol. 14, 1989, pp. 385 – 400.

78. K. R. Murphy and A. H. Shiarella, Implications of the multidimensional nature of job performance for the validity of selection tests: Multivariate frameworks for studying test validity. *Personnel Psychology*, Vol. 50, 1997, pp. 823 – 854.

79. 张艳秋、凌文辁:《企业员工组织公民行为管理》,载《引进与咨询》2003 年第 3 期。

80. 章小波:《关于有效激发员工组织公民行为的思考》,载《华东经济管理》2005 年第 2 期。

81. O. S. Parkand H. P. Sims, Beyond cognition in leadership: Prosocial behavior and affect in managerial judgment. Working Paper. Seoul National University and Pennsylvania State University, 1989.

82. D. S. Kiker and S. J. Motowidlo, Main and interaction effects of task and contextual performance on supervisory reward decisions. *Journal of Applied Psychology*, Vol. 84, 1999, pp. 602 – 609.

83. R. Gatewood and H. S. Field, *Human resource selection*. Hinsdale, IL: Dryden Press, 1994.

84. R. H. Moorman, Relationship between organizational justice and organizational citizenship behaviors: Do fairness perceptions influence employee citizenship? . *Journal of Applied Psychology*, Vol. 76, 1991, pp. 845 – 855.

85. P. M. John and C. A. Smith, HRM practices and organizational commitment: Test of a mediation mode. *Canadian Journal of Administrative Sciences*, Vol. 17, No. 4, 2000, pp. 319 – 331.

86. D. G. Allen, L. M. Shore and R. W. Griffeth, The role of perceived organization support and supportive human resource practices in the turnover process. *Journal of Management*, Vol. 29, No. 1, 2003, pp. 99 – 118.

87. S. J. Wayne, L. M. Shore and R. C. Liden, Perceived organizational support and leader-member exchange: A social exchange perspective. *Academy of Management Journal*, Vol. 40, 1997, pp. 82 – 111.

88. J. E. D. Delery, Modes of theorizing in strategic human resource management: tests of universalistic, comtigency, and configurational performance predictions. *Academy of Management Journal*, Vol. 39, 1996, pp. 802 – 835.

89. 杨东涛:《人力资源管理系统与制造战略的配合对公司绩效影响的研究》,中国物质出版社 2006 年版。

90. 马克·芬顿 – 奥克里维:《吸收员工参与管理》,载《国外社会科学文摘》2002 年第 2 期。

91. 迈克尔·比尔、伯特·斯佩克特、保罗·劳伦斯、奎因·米尔斯、理查德沃尔顿:《管理人力资本》, 华夏出版社 1998 年版。

92. G. D. L. Jenkins, Impact of Employee Participatioin in Pay Plan Development. *Organizational Behavior and Human Performance*, Vol. 28, 1981, pp. 111 – 128.

93. R. L. Leary, Social support and psychological disorder: a review. *Journal of Community Psychology*, Vol. 11, 1983, pp. 3 – 21.

94. J. M. Brett, *The effects of job transfer on employees and their families*. Chichiester: Willey, 1980.

95. R. D. Caplan and S. Cobb and J. R. P. French, *Job demands and worker health*. Washington D. C. : H. E. W Publication, 1975.

96. D. M. Rousseau, Issues of level in organizational research: Multilevel and cross-level perspectives. *Research in organizational behavior*, Vol. 7, 1983.

97. A. Gouldner, The norm of reciprocity: a preliminary statement. *American Sociological Review*, Vol. 25, 1960, pp. 161 – 178.

98. R. McMillin, *Customer satisfaction and organizational support for service providers*. USA: University of Florida, 1997.

99. M. L. Kraimer, S. J. Wayne and Renata, Sources of support and expatriate performance: the mediating role of expatriate adjustment. *Personnel Psychology*, Vol. 54, No. 1, 2001, pp. 71 – 100.

100. C. Hyonsong and R. E. W. , Relationship among organizational support, JIT implementation, and performance industrial management data systems. *Wembley*, Vol. 101, No. 5, 2001, pp. 273 – 281.

101. J. B. Ronald, Nursing staff attitudes following restructuring: The role of perceived organizational support, restructuring processes and stressors. *The international Journal of Sociology and Social Policy*, Vol. 23, No.

8, 2003, pp. 129 – 158.

102. R. Cropanzano, J. C. Howes, A. A. Grandey and P. Toth, The relationship of organizational politics and support to work behaviors, attitudes and stress. *Journal of Organizational Behavior*, Vol. 18, 1997, pp. 159 – 180.

103. R. Eisenberger, L. Rhoades and J. Cameron, Does pay for performance increase or decrease perceived self-determination and intrinsic motivation?. *Journal of Personality and Social Psychology*, Vol. 77, 1999, pp. 1026 – 1040.

104. R. Setton, Social Exchange in Organization: the Differential Effects of Perceived Organizational Support and Leader Member Exchanger. *Journal of Applied Psychology*, Vol. 6, 1996, pp. 219 – 227.

105. K. Aquino and R. W. Griffeth, *An exploration of the antecedents and consequences of perceived organizational support: A longitudinal study*. University of Delaware, 1999.

106. Eisenberger, Stenven, Sowa, Debora, Robert, Huntington and Robin, Perceived organizational support. *Journal of Applied Psychology*, Vol. 71, No. 3, 1986, pp. 500 – 508.

107. R. Eisenberger, P. Fasolo, and V. DavisLaMastro, Perceived organizational support and employee diligence, commitment, and innovation. *Journal of Applied Psychology*, Vol. 75, 1990, pp. 51 – 59.

108. Shore, A Construct Validity Study of the Survey of Perceived Organizational Support. *Journal of Applied Psychology*, Vol. 7, 1991, pp. 637 – 643.

109. R. Eisenberger, J. Cummings, S. Armelo and P. Lynch, Perceived organizational support, discretionary treatment, and job satisfaction. *Journal of Applied Psychology*, Vol. 82, 1997, pp. 812 – 820.

110. S. B. MacKenzie, P. M. Podsakoff and R. Fetter, The impact of or-

ganizational citizenship behavior onevaluations of sales performance. *Journal of Marketing Research*, Vol. 57, 1993, pp. 70 – 80.

111. A. T. Sui, J. L. Pearce, L. W. Porte and A. M. Tl-ipoli, Alternative approaches to the employeeorganization relationship: Does investment in employees pay off? . *Academy of Management Journal*, Vol. 40, 1997, pp. 1089 – 1121.

112. B. R. Schlenker, Identity and self-identification. *The self-and social life*, 1985, pp. 65 – 99.

113. L. Rosenfeld, T. Anderson, G. Hatcher, J. Roughgardenand Y. Shkedy, Upwelling fronts and barnacle recruitment in central California, *MBARI tech. report*, 1995, pp. 5 – 19.

114. Tedeschi, Impression Management and Influence in the Organization. *Research in the Sociology of Organization*, Vol. 3, 1984, pp. 31 – 58.

115. Wayne, Influence tactics, affect, and exchange quality in ubordinate interactions: A laboratory experiment and field study. *Journal ofApplied Psychology*, Vol. 75, No. 5, 1990, pp. 487 – 499.

116. Bozeman, A cybernetic model of impression management processes in organizations. *Organizational Behavior and Human Decision Processes*, Vol. 69, No. 1, 1997, pp. 9 – 30.

117. K. Kumar and B. M. , Construction and validation of an instrument for measuring ingratiatory behaviors in organizational settings. *Journal of Applied Psychology*, Vol. 76, 1991, pp. 619 – 627.

118. E. E. Jones and T. S. Pittman, Toward a general theory of strategic self-presentation. *Psychological perspectives on the self*. New Jersey: Erlabaum, 1982, pp. 231 – 263.

119. E. E. Jones, *Ingratiation: A Social – Psychological Analysis*. New York: Appelton – Century – Crofts, 1965.

120. Gardner, Impression Management in Organizations. *Journal of Man-*

agement, Vol. 14, No. 2, 1988, pp. 321 –338.

121. Tedeschi, Impression Management and Influence in the Organization. *Research in the Sociology of Organization*, Vol. 3, 1984, pp. 31 –58.

122. Liden, Ingratiatory behaviors in organizational settings. *Academy of Management Review*, Vol. 13, No. 4, 1988, pp. 572 –587.

123. K. Kelloway, *SEM*: *Structural Equation Models*, 2003.

124. 陈琦、梁万年、孟群:《结构方程模型及其应用》,载《中国卫生统计》2004 年第 2 期。

125. 韩辉:《结构方程模型在社会工作研究中的应用初探》,载《中国青年政治学院学报》2004 年第 3 期。

126. 侯杰泰、成子娟:《结构方程模型的应用及分析策略》,载《心理学探新》1999 年第 1 期。

127. 侯杰泰、温忠麟、成子娟:《结构方程模型及其应用》,教育科学出版社 2005 年版。

128. 黄芳铭:《结构方程模式理论与应用》,中国税务出版社 2005 年版。

129. 汪邦军、王欣、商广娟:《顾客满意指数的结构方程模型与应用》,载《航空标准化与质量》2003 年。

130. 王树佳、丁凡:《两层结构方程模型的估计和渐进性质》,载《深圳大学学报(理工版)》1997 年第 1 期。

131. 温忠麟、侯杰泰、马什赫伯特:《结构方程模型检验:拟合指数与卡方准则》,载《心理学报》2004 年第 2 期。

132. 薛薇:《SPSS 统计分析方法及应用》,电子工业出版社 2005 年版。

133. 余建英、何旭宏:《数据统计分析与 SPSS 应用》,人民邮电出版社 2003 年版。

134. 曾武、黄子杰:《线性结构方程模型的原理及其实际应用》,载《福建医科大学学报(社会科学版)》2001 年第 1 期。

135. G. Barry, P. M. Wright, G. C. McMahan and S. A. Snell, Measurement error in reserach on human resources and firm performance: How much error is there and how does it influence effect size estimates? *Personnel Psychology*, Vol. 53, No. 4, 2000, pp. 803 – 835.

136. M. Huselid and B. Becker, Comment on measurement error in research on human resources and firm performance: How much error is there and how does it influence effect size estimates?. *Personnel Psychology*, Vol. 53, 2000, pp. 835 – 854.

137. 罗伯特·F·德威利斯文:《量表编制:理论与应用技术》,重庆大学出版社 2005 年版。

138. R. F. DeVellis, Self-efficacy and health. *Handbook of Health Psychology*. Mahwah: Lawrence Erlbaum, 2001.

139. H. E. A. Tinsley, Uses of factor analysisi in counseling psychology research. *Journal of Counseling Psychology*, Vol. 34, 1987, pp. 414 – 424.

140. H. Wang, K. S. Law, R. D. Hackett, D. Wang and Z. Chen, Leader – Member Exchange as a Mediator of the Relationship between Transformational Leadership and Follower's Performance and Organizational Citizenship Behavior. *Academy of Management Journal*, Vol. 48, No. 3, 2005, pp. 420 – 432.

141. 贾良定、陈永霞、宋继文、李超平、张君君:《变革型领导、员工的组织信任与组织承诺——中国情景下企业管理者的实证研究》,载《东南大学学报(哲学社会科学版)》2006 年第 6 期。

142. J. F. Hair, R. E. Anderson, R. L. Tatham and W. C. Black, *Multivariate Data Analysis* (5*th ed.*). NJ: Prentice – Hall, Inc., 1998.

143. K. Kelloway, LISREL for Structural Equation Modeling: A Researcher's Guide. Thousand Oaks: Sage Publications, 1998.

144. R. M. Baron andD. A. Kenny, The moderator-mediator variable distinction in social psychological research: conceptual, strategic, and so-

cial considerations. *Journal of Personality and Social Psychology*, Vol. 51, 1986, pp. 1173 – 1182.

145. R. W. Brislin, Translation and content analysis of oral and written material. Boston: Altyn and Bacon, 1980.

146. D. A. Hofmann and A. Stetzer, A cross-level investigation of factors influencing unsafe behaviors and accidents. *Personnel Psychology*, Vol. 49, 1996, pp. 307 – 339.

147. D. A. Hofmann and M. B. Gavin, Centering decisions in hierarchical linear models: Theoretical and methodological implications for organizational science. *Journal of Management*, Vol. 23, 1998, pp. 623 – 641.

148. B. A. Wech, K. W. Mossholder, R. P. Steel and Bennett, Does work group cohesiveness affect individuals' performance and organizational commitment? A cross-level examination. *Small Group Research*, Vol. 29, 1998, pp. 472 – 494.

149. R. E. Kidwell, K. M. Mossholder and N. Bennett, Cohesiveness and organizational citizenship behavior: A multilevel analysis using work groups and individuals. *Journal of Management*, Vol. 23, 1997, pp. 775 – 793.

150. B. Schneider, Linking service climate and customer perceptions of service quality: Test of a causal mode. *Journal of Applied Psychology*, Vol. 83, 1998, pp. 150 – 163.

151. N. R. Anderson and M. A. West, Measuring cWnate for work group innovation: development and validation of the team climate inventory. *Journal of Organizational Behavior*, Vol. 19, 1998, pp. 235 – 258.

152. K. J. Klein, F. Dansereau and R. J. Hall, Levels issues in theory development, data collection, and analysis. *Academic of Management Review*, Vol. 19, 1994, pp. 195 – 229.

153. S. W. J. Kozlowski and B. M. Hults, An exploration of Climates for

technical updating and performance. *Personnel Psychology*, Vol. 40, 1987, pp. 539 – 563.

154. D. Zohar, Safety climate in industrial organizations: Theoretical and applied implications. *Journal of Applied Psychology*, Vol. 65, 1980, pp. 96 – 102.

155. J. B. Tracey, S. L. Tannenbaum and M. J. Kavanagh, Applying trained skills on the job: The importance of the work environment. Vol. 80, 1995, pp. 239 – 252.

156. C. C. Borucki and M. J. Burke, An examination of service-related antecedents to retail store performance. *Journal of Organizational Behavior*, Vol. 20, 1999, pp. 943 – 962.

157. J. M. George, Personality, affect, and behavior in groups. *Journal of Applied Psychology*, Vol. 75, No. 1, 1990, pp. 107 – 116.

158. Organ, A meta-analytic review of attitudinal and dispositional predictors of organizational citizenship behavior. *Personnel Psychology*, Vol. 48, No. 1, 1995, pp. 775 – 802.

159. Klein, From micro to meso: critical steps in conceptualizing and conducting multilevel research. *Organizational Research Methods*, Vol. 25, No. 3, 2000, pp. 211 – 236.

160. H. Liao, *A cross-level analysis of organizational citizenshipbehavior in work groups*. University of Minnesota, 2002.

161. R. J. Karambayya, Contextual predictors of organizationai citizenship behavior. *Journal of Management Proceedings*, Vol. 12, No. 1, 1990, pp. 223 – 245.

附录A：员 工 问 卷

尊敬的女士/先生：

这是一份学术性问卷，以当前中国企业员工为研究对象，请您给予协助。我们保证您的答卷只用于学术研究，向研究者之外的任何人严格保密。问卷中的每个问题不同的人都有不同的看法，因此答案没有对错之分，只需如实快速回答即可。请您尽可能不要遗漏回答的问题。谢谢！

若您对此学术研究的结果感兴趣，欢迎与我联系。邮件地址：wei-jrp@139.com。

问卷编号：

第一部分：您的信息

性别：□男　　□女　　　出生年份：＿＿＿年

婚姻状况：已婚□　　未婚□

学历：□专科以下　　□专科　　□本科　　□硕士及以上

您在本企业的服务年限：＿＿＿月

第二部分：请根据下面的描述，在您情况最相符的答案中选"√"（1＝非常同意，2＝基本同意，3＝不确定，4＝基本不同意，5＝非常不同意）

序号	题目	非常同意 1	基本同意 2	不确定 3	基本不同意 4	非常不同意 5
1	企业很少关心到我					
2	企业关心我对工作满意程度高					

序号	题目	非常同意 1	基本同意 2	不确定 3	基本不同意 4	非常不同意 5
3	企业真正关心我的福利					
4	企业很关注我的目标和价值观					
5	企业注重我的观点					
6	即使我在工作中做到最好,企业也没有注意到我					
7	企业为我在工作中的表现感到自豪					
8	企业帮助我在工作中发挥最大能力					
9	当我遇到问题时,我能从企业处获得帮助					

第三部分:请根据下面的描述,在最符合您情况的答案中选"√"(1 = 非常同意,2 = 基本同意,3 = 不确定,4 = 基本不同意,5 = 非常不同意)

序号	题目	非常同意 1	基本同意 2	不确定 3	基本不同意 4	非常不同意 5
1	我会保护企业声誉					
2	我渴望告诉外界企业的好消息和澄清对企业的误解					
3	我会提出建设性的意见改善企业的运作					
4	我会参加企业的会议					
5	我帮助新员工适应工作环境					
6	我帮助同事解决与工作有关的问题					
7	需要帮助时,我能替同事承担工作任务					
8	我在工作中,注意与同事合作和沟通					
9	即使无人监督,我也能遵守企业准则和程序					
10	我对待工作认真很少出错					
11	我不介意承担新的具有挑战性的任务					
12	我努力自学提高工作质量					

序号	题目	非常同意 1	基本同意 2	不确定 3	基本不同意 4	非常不同意 5
13	我经常提前到企业，并立即开始工作					
14	我不会使用小伎俩改善人际关系					
15	我不会用职位之便追逐个人所得					
16	我用信誉赢得人际和谐					
17	我不会经常在领导和同事背后说坏话					
18	赞扬同事的成就，让他们认为我人很好					
19	赞美同事，让他们觉得我很讨人欢心					
20	私下帮同事的忙，表示我很友善					
21	关心同事的私生活，表示我很友善					
22	让同事知道我的成就					
23	很自豪地说出我的经历或者学历					
24	让同事知道我对企业很重要					
25	让同事知道我的天赋和能力					
26	我会晚点下班，让同事知道我工作认真					
27	就算工作不繁重，我还是表现出很忙碌的样子					
28	为了表现出奉献精神，我会提早到达企业上班					
29	为了表现出奉献精神，我会在晚上或周末到办公室					
30	我表现出不懂的样子，让同事帮助我					
31	我在工作中表现出无助，以获得同事的协助和同情					
32	我假装有些事情不懂，以获得同事的协助					
33	我会表现出需要帮助的样子，以获得同事的帮助					
34	我会假装出不懂的样子，避免掉讨厌的任务					
35	必要时，我会用威慑的方法完成工作					
36	让同事知道如果他们太过分，我会把事情弄得很僵					
37	若同事妨碍我的工作，我会强硬地对付他们					
38	我会不客气地对付多管我闲事的同事					
39	强迫同事让他们乖乖就范					

非常感谢！

附录B：主管问卷（一）

尊敬的女士/先生：

这是一份学术性问卷，以当前中国企业员工为研究对象，请您给予协助。我们保证您的答卷只用于学术研究，向研究者之外的任何人严格保密。问卷中的每个问题不同的人都有不同的看法，因此答案没有对错之分，只需如实快速回答即可。请您尽可能不要遗漏回答的问题。谢谢！

若您对此学术研究的结果感兴趣，欢迎联系。邮件地址：weijrp@139.com。

问卷编号：

第一部分：您的信息

1. 性别：□男　□女　　　　　　出生年份：＿＿年
2. 婚姻状况：已婚□　未婚□

    学历：□专科以下　□专科　□本科　□硕士及以上
3. 您在本企业的服务年限：＿＿月　　　贵企业有＿＿年历史
4. 您的职位：□高级管理者　□中层管理者　□一线管理者
5. 企业员工人数：□少于100人　□100~200人

    　　　　　　　□201~700人　□多于700人
6. 企业所有权：□传统的国有企业　□民营化的国有企业

    　　　　　　□国内民营企业　　□外商合资企业

    　　　　　　□外商独资企业

第二部分：关于您组织的状况，请在相符的答案中选"√"（1 = 非常同意，2 = 基本同意，3 = 不确定，4 = 基本不同意，5 = 非常不同意）

序号	题目	非常同意 1	基本同意 2	不确定 3	基本不同意 4	非常不同意 5
1	每位员工皆有绩效目标					
2	每位员工至少每年接受一次绩效评估					
3	绩效评估基于客观的、可量化的效果之上					
4	每位员工根据其个人表现支付工资					
5	根据小组或部门的绩效支付工资					
6	绩效评估时考虑下级的看法					
7	上级经常要求员工参与决策					
8	上级与员工之间保持公开的交流					
9	允许员工作出多项决策					
10	员工有机会提出有关改进的合理建议					
11	员工每隔几年即可接受正常的培训计划					
12	为员工提供了广泛的培训计划					
13	为新进员工提供正式培训以教会他们从事工作的技术					
14	为员工提供正规的培训项目以提高他们被提升的可能性					

非常感谢！

附录C：主管问卷（二）

尊敬的女士/先生：

这是一份学术性问卷，以当前中国企业员工为研究对象，请您给予协助。我们保证您的答卷只用于学术研究，向研究者之外的任何人严格保密。问卷中的每个问题不同的人都有不同的看法，因此答案没有对错之分，只需如实快速回答即可。请您尽可能不要遗漏回答的问题。谢谢！

若您对此学术研究的结果感兴趣，欢迎联系。邮件地址：weijrp@139.com。

问卷编号：

请对您的下属做出评价，最相符的答案中选"√"（1 = 非常同意，2 = 基本同意，3 = 不确定，4 = 基本不同意，5 = 非常不同意）

序号	题目	非常同意 1	基本同意 2	不确定 3	基本不同意 4	非常不同意 5
1	该员工的工作数量多于一般员工水平					
2	该员工的工作质量高于一般员工水平					
3	该员工的工作效率高于一般水平					
4	该员工的工作质量标准高于一般标准					
5	该员工努力提高工作质量					
6	该员工认同最高的专业标准					
7	该员工具有完成核心工作任务的能力					

序号	题目	非常同意 1	基本同意 2	不确定 3	基本不同意 4	非常不同意 5
8	当完成核心工作任务时，该员工的判断力强					
9	当完成核心工作任务时，该员工的准确度高					
10	当完成核心工作任务时，该员工工作知识丰富					
11	当完成核心工作任务时，该员工的创造性强					
12	该员工喜欢帮助他人，给我印象不错					
13	该员工与同事关系融洽					
14	该员工具有责任心					
15	该员工认可我们这个群体					

非常感谢！

附录 D：研究方法的数学基础

一、数学概念

本书数据分析和处理过程中，用到以下数据基本概念。这些概念的清晰将有助于研究方法的把握和领会。

1. 方差：$D(x) = Vax(x) = E\{[x - E(x)]^2\} = E(x^2) - [E(x)]^2$。

2. 标准差：$\delta(x) = \sqrt{D(x)}$，表示变量 x 的取值与数学期望的偏离程度，即表示 x 取值分散程度的量。

3. 相互独立的事件：$P(AB) = P(B|A)P(A) = P(A)P(B)$

$P(B|A) = P(B)$，其中定义 $P(B|A) = \dfrac{P(AB)}{P(A)}$

4. $E\{[x - E(x)][y - E(y)]\} = 0$

5. 协方差：$Cov(x, y) = E\{[x - E(x)][y - E(y)]\}$

6. 相关系数：$\rho_{xy} = Cov(x, y) / \sqrt{D(x)D(y)}$。若 $\rho_{xy} = 0$ 即表示线性不相关。

7. $E(x)$ 是 x 的一阶原点矩，$D(x)$ 是二阶中心矩。$Cov(x, y)$ 是 x 和 y 的二阶混合中心矩。

8. （x_1、x_2）的协方差矩阵，即为四个二阶中心矩。

$$\begin{cases} c_{11} = E\{[x_1 - E(x_1)]^2\} \\ c_{12} = E\{[x_1 - E(x_1)][x_2 - E(x_2)]\} \\ c_{11} = E\{[x_2 - E(x_2)][x_1 - E(x_1)]\} \\ c_{11} = E\{[x_2 - E(x_2)]^2\} \end{cases}, \begin{pmatrix} c_{11} & c_{12} \\ c_{21} & c_{22} \end{pmatrix} 即为协方差矩阵。$$

二、因子分析的数学原理

（一）数学模型

$$\begin{cases} x_1 = a_{11}F_1 + a_{11}F_1 + \cdots + a_{11}F_1 + a_1\varepsilon_1 \\ x_{21} = a_{21}F_1 + a_{22}F_2 + \cdots + a_{2m}F_m + a_2\varepsilon_2 \\ \cdots\cdots \\ x_p = a_{p1}F_1 + a_{p2}F_1 + \cdots + a_{pm}F_1 + a_p\varepsilon_1 \end{cases}$$

其中 x_1，x_2，x_3，$\cdots$，x_p 为 p 个原有变量，F_1，F_2，F_3，$\cdots$，F_m 为 m 个因子变量，m 小于 p，$x = AF + a\varepsilon$

其中：

（1）F 为因子变量或公共因子，即高维空间中互相垂直到 m 个坐标轴。

（2）A 为因子载荷矩阵，a_{ij} 为因子载荷，是第 i 个原有变量在第 j 个因子变量上的负荷。在多元回归中为标准回归系数。ε 为特殊因子，表示原有变量不能被因子变量所解释的部分。

（二）因子分析的三个基本步骤

1. 确定待分析的原有若干变量是否适合于因子分析。

2. 构造因子变量（本书采用主成分模型的主成分分析法）。

3. 利用旋转使得因子变量更具有解释性。

三、结构方程模型的理论与实践

结构方程模型（Structrural Equation Modeling，SEM），亦称协方差结构模型（Covariance Structure Models，CSM），或者线性结构模型（Linear Structural Relations Models，LISREL）。

（一）解决结构方程模型问题的研究思路

该理论研究问题的思路如图。

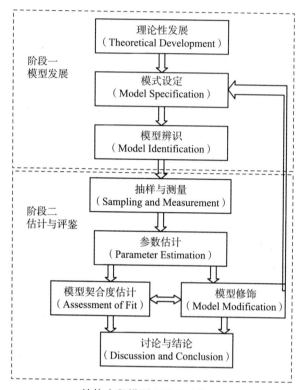

结构方程模型理论研究框图

（二）结构方程模型的实现

八个矩阵

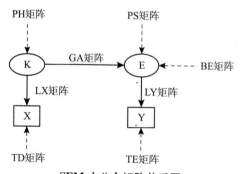

SEM 中八个矩阵关系图

结构方程模型实现的原理是变量将协方差矩阵的运算，在计算过程中共用到了八个矩阵，它们之间的关系如上图所示。其含义如表所示。

八个矩阵的含义

LX = Lambda X（λ_x）	LY = Lambday（λ_y）
BE = Beta（β）	GA = Gamma（λ）
PH = Phi（ϕ，潜变量 ξ 的协方差矩阵），为因子间矩阵。	PS = Psi（ψ，残差项 ζ 的协方差矩阵），为因子间矩阵。
TD = Theta - Delta（θ_δ，δ 的协方差矩阵）	TE = Theta - Epsilon（θ_ε，ε 的协方差矩阵）

Lisrel 程序的实现

Step1：specify the data；

Step2：Specify the model

Step3：Specify the outpu

1．specify the data；

DAta 命令：

DGroups = number of group（default = 1）

　　NInspar = number of input variables（default = 0）

　　NObs = number of observation

　　XM = a missing value label

Matrix = the type of matrix to be analyzed，包括（MM，CM，KM，AM，OM，PM）

　　例：DA NI = 10　　NO = 100　　MA = CM

LAbels 命令：

例：DA NI = 10　　NO = 200　　MA = CM

LA "Behavior"　　"Intentions"　　"Norms"

共有 10 个变量给前 3 个变量命名。

Raw Data 命令 model、SElect 命令 model

2. Step2：Specifying the model

NY （Y 观察变量数）　　　　NE （内潜变量数）

NX （X 观察变量数）　　　　NK （外潜变量数）

MOdel 命令

FIx LX （1, 2） LX （2, 2）

PArameter

FRee LX （1, 2） LX （2, 2）

EQual LY （3, 4） LY （4, 4） BE （2, 1） GA （4, 6）

VAlue 1.5 LX （2, 1） LY （6, 2） GA （1, 2）

3. Step3：Specifying the Output：

（1） estimation method：IV, TS, UL, GL, ML, WL, DL

（2） additional options provided by lisrel：RC, SL, NS, RO, AM, SO

（3） OUTPUT：

（A） 默认输出有：

The information you provide

The lisrel estimates

The overall goodness-of-fit measures

（B） 附加项：SE, TV, PC, RS, EF, MR, MI, FS, SS, SC, AL, TO, WP, ND

（4） save specified matrix to file

例：OU matrix name = file

Matrix name 包括：LY, LX, BE, GA, PH, PS, TE, TD, TY, TX, AL, KA.

（5） iterative procedure control commands：TM, IT, AD, EP

（三） 模型调整的方法

1. 是否增加路径：若某一 MI （modification indices 值） 很大，考虑增加这一路径。

2. 是否减少某一路径：如 BE （2, 1） = 0.011 （SE = 0.052, t =

0.215)，效应很小，考虑删除该路径，即将 BE 2 1 固定为 0。

3. 增加一路径后，即增加自由度参数后，df 减少，χ^2 减少，若增加一路径后 χ^2 显著减少说明可取。若减少自由参数，χ^2 没有显著增加，说明减少自由参数可取。如：$\rightarrow$M2 后，$\Delta\chi^2(1) = +22.37$。

4. 若通过限制 Model 1 的部分自由参数为固定参数得到的 Model2，则称 M1 嵌套 M2（Nested Model），或 M2 嵌套于 M1。此时 M2 的自由参数都是 M1 的自由参数。

5. 对于 Nested Model，少估计 1 参数，则 df 增 1，则 χ^2 增加，若 $\chi^2 < 0.63$（$\alpha = 0.01$ 时 χ^2 的临界值），则认为可行。

6. 增加或者较少路径关键看 MI 的值，是否接受看 df 和 $\Delta\chi^2(\Delta df)$ 的值。

（四）例子

Full Model

Original Model

DA NI = 18，NO = 500，MA = KM

KM SY

KM = fhx. cov

LA

Y1W1 Y2W2 Y3O3 Y4O4 Y5O5·········.

MO NY = 9 NE = 3 NX = 9 NK = 3 PH = SY，FR PS = SY，FI TD = DI，FR TE = DI，FR BE = FU，FI

LE

WORK OUTWORK SERVICE

LK

INTRSTING INTELIGENCE CONFIDENCE

PA LY

3（1 0 0）

3（0 1 0）

3（0 0 1）

PA LX

3（1 0 0）

3（0 1 0）

3（0 0 1）

FI LY1 1　LY 4 2　LY 7 3　LX 1 1　LX 4 2　LX 7 3

VA 1 LY1 1　LY4 2　LY7 3　LX1 1　LX4 2 LX7 3

PA GA

1 1 1

0 0 1

1 0 0

FR BE 2 1

FR PS1 1　PS2 2　PS3 3　PS2 3

PD

OU SS SC MD ND = 3

后　　记

本书是在本人博士论文基础上完成的。南京大学商学院博士阶段的学习，是我工作生活中的重要组成部分，这段刻骨铭心的努力时光影响到后续生活和工作方式的选择。三年的时光中，母校给予了我很多。南京大学的校训"诚朴雄伟、励学敦行"，一直激励我心存感激、勇往直前。母校不仅是我求知的沃土，更是我人生走向成熟的起点。多年来，回想起母校的点点滴滴总是心中有念、难以忘怀。

首先要恭敬感谢我的恩师杨东涛教授。杨老师在学业上的指导让我懂得学无止境、精益求精。回想起杨老师对论文中类似标点符号等小错误的零容忍，不仅给我后来的学习工作生活打好了坚实的专业基础，严谨执着的精神也永世难忘。这些都是我每每偷懒怠懈时不断激励我前进的力量。

感谢求学路上，南京大学赵曙明教授、陈传明教授、茅宁教授、彭纪生教授、刘春林教授、贾良定教授给予的帮助。感谢南京工业大学陈同扬教授、河海大学张龙副教授在选题思路、调研设计上给予的指导和帮助。感谢西北大学师博副教授、南京农业大学孙怀平副教授、江苏大学宋联可副教授、南京师范大学秦晓蕾副教授给予的问卷设计和数据分析过程中的指导和解惑。感谢南京邮电大学刘宁教授、赵波教授、张爽副教授在学术生涯中的陪伴和鼓励。

感谢我的父母、公婆以及全家人对我常年无私的帮助和支持。他们让我的人生充满了温暖，让我一直有勇往直前的勇气和不曾放弃的决心。感谢我的先生，是他带着我走向研究的道路，彼此十年的陪读生活一同走过的艰辛和清苦至今历历在目，回忆起来充满了爱与感动。还要感谢我的女儿，是她给了我们无穷的欢笑和无尽的憧憬，希望我们的女儿开心幸福、平安快乐！

魏江茹

2016 年 7 月